U0900499

尊重市场当以过硬之作市之

注：①好的市场众人维之，过硬之作拿向市场，买家乐之，良性循环而好市方长久。只有我们去尊重市场，市场才会善待我们。
②自己都不满意的作品，拿向市场，卖不上好价格不说，怕是先伤害了买家，又影响了自己以后的市场，可谓一举而三不利。
③十几年前，我替一个学校去请一位大名家题写校牌，寥寥四个字，老人家足足捣饬了25张，说："你们拿去看看，哪张适合就用哪张吧。"简单一事，感动至今，其后，每必以之鉴己。
④曾经一时，水墨好市，有不少人一天10张10张地画，结果，泡浮了市，伤自己者，自己也，此当引以为戒，不求一时之贪。

THE NOTE OF STAYING
WANG HAICHUAN'S SOLO EXHIBITION
居·洼
王海川个展
展览时间：2010年7月10日—2010年8月25日
Date: July 10,2010- August 25,2010
开幕酒会：2010年7月10日星期六下午4-6时
Reception: 4pm-6pm,Saturday,July 10,2010
主办：高地画廊
Host: Gaodi Gallery
开放时间：11:00-18:00（星期二至星期日，周一休息）
Opening Hours: 11am-6pm (Tuesday-Sunday, Monday By Appointment Only)
地址：中国北京市朝阳区酒仙桥路2号798艺术区706北四街B10
Venue: B10,706 North Forth St.,798 Art Zone,No.2
Jiuxianqiao,Chaoyang District, Beijing, China
Gaodi高地画廊
WWW.GAODIGALLERY.COM

YOUTH TRACK

青春足迹刘孔喜绘画艺术展

刘孔喜先生现任首都师范大学美术学院教授、博士研究生导师，中国美术家协会会员，是中国写实画派的代表人物，第一批成员，他长期坚持写实主义创作风格，追求在静穆、严谨中进行自我艺术形式的完善，更潜心研究欧洲中世纪和文艺复兴时期盛行的坦培拉绘画技法，创作了众多生动而富于内涵的人物形象。

开幕时间：2010年5月20日 上午10：00 展览地点：中国美术馆

主办单位：中国美术家协会 中国美术馆 北京美术家协会 首都师范大学

协办单位：北京山水之间文化艺术发展中心 北京中天美伦文化艺术公司

卷首语

在上百万上千万的神话之后，人们对油画艺术的市场价值再度进行审视，传统经典无论在神话时代，还是在金融危机时期，都以稳健踏实的表现，受到各方藏买家的青睐。越来越多的人竞而宠之，已是不争的事实。本期【永不贬值的财富】专栏继续择取造诣深厚、佳构等身、在全球艺市两界都有口皆碑的老一辈艺术大家苏天赐先生。【专题】"当代三人风景"，靳尚谊、戴士和、罗中立先生的人物大家都"眼"熟能详，他们的另一面——风景，同样玲珑可爱，精品迭出，无疑将成为日后市场上众家竞夺的炙热目标；【中国名家】克里木先生为我们呈现了款款民族风情的精美之作，语言纯粹而具本土特色；杨尧先生以吴氏意韵加后印象的手法在尝试了多年的风景之后，又重新回到人物的再探索；吴海鹰先生的画面高雅质朴，不沾半点尘俗，少无适俗韵，性本爱丘山，与东晋田园大师陶渊明不期然中有着一样的意趣观照；两位年轻好手都曾在全国展上频频亮相，他们的艺术风格早为人们熟知，李江峰：葵野烂漫，挥洒出率意才情；赵晓佳：长笔忆昔，"寂寞大工厂"直接让人勾起对老工业时代的回味。【最具升值潜力的艺术家】韩中人大笔纷披，幻象玄妙；刘昕古典细腻，意趣直追伦公维伯（伦勃朗、维米尔）；宋卫东痛快淋漓，指点江山，笔墨意味融山融水；陈新的现实关怀情真意切，构思巨制之才不可多得，此皆辈中大有作为之人，日后市场必将灿烂辉煌，堪比大势上扬的原始股，应该是及时投资下注的优选目标。季宏敏先生很早就为人们所知，其《革命系列》《生存系列》既有扎实的写实功力，也具超现实的想象鬼才，是写实风格中难能可贵之作，而他近些年的关怀转向了风景——《与写实对话》，一露面就不同凡响，吸引来自全国各地的许多藏买之人；【2010图片世界】另一亮丽风景就是"第二届小幅油画展"，少长咸集，群贤毕至，引以为流觞曲水，俨然新时代的兰亭盛会。朱乃正、郭北平、陈衍宁、段建伟、杨飞云、冷军、申玲、喻红，不仅在艺术创作上饮誉南北，在市场表现上也名震东西，足金足赤地进入【凤池观察】之列，《谁将成为未来市场的心宠》——本期所列，此八君也。

图书在版编目（CIP）数据

中国油画市场. 第4辑（总第25辑） /
苗凤池主编 .--北京：北京工艺美术出版社，2010.7
ISBN 978-7-80526-956-6
Ⅰ. ①中… Ⅱ. ①苗… Ⅲ. ①油画-行情-中国 Ⅳ.
① F724.787
中国版本图书馆CIP数据核字（2010）第 147102 号

责任编辑　陈高潮　谢　琳
责任印制　宋朝晖

中国油画市场　第4辑（总第25辑）

顾　　问　靳尚谊　詹建俊　朱乃正　宋惠民
　　　　　张祖英　尚　扬　王胜利

出 版 人　姜　立
主　　编　苗凤池

副 主 编　薛国芳
学术主持　韩中人
艺术总监　李国华
设计总监　杨　勇
主编助理　李沅芷
事务主管　孟祥淑
采　　编　唐　可　曲　艺
编　　辑　《中国油画市场》编辑部
电　　话　010-52029019
电　　邮　chinayhsc@yahoo.com.cn

出版发行　北京工艺美术出版社
地　　址　北京市东城区和平里七区16号
邮　　编　100013
电　　话　010- 84255105（总编室）
　　　　　010- 64283671（发行部）
传　　真　010- 64280045/84255105
网　　址　www.gmcbs.cn
经　　销　全国新华书店
印　　刷　北京博海升彩色印刷有限公司
开　　本　889mm×1194mm　1/16
印　　张　22
版　　次　2010年8月第1版
印　　次　2010年8月第1次印刷
书　　号　ISBN 978-7-80526-956-6 /J.856
定　　价　98.00元

苏天赐 黑衣女像 83×68 布面油画 1949

目录

一代大家·苏天赐

苏先生一生追随林风眠倡导的东西方融合和和而不同的学术理想，欢乐、单纯、执着的品性；忧郁、沉吟、激越的意志，一直伴随他的一生。他似乎始终在承继林风眠的艺术追求。林先生这一拨人个个都是激情四射，富于诗情的散文高手，在控制画面和写作的激情流露时是那样的阳光灿烂，真情灿烂。吴冠中如此，赵无极如此，苏天赐也是如此……（中国美术学院副院长 王赞）

靳尚谊 绿荫下的窑洞 45×55 1990 纸板油画
戴士和 瑞金毛泽东等人共用的餐桌（局部）

三人风景：靳尚谊 戴士和 罗中立

当市场为更多的有识之士有钱之士有德之士纷纷关注的时候，传统的价值便更加体现了出来，卓有成就的艺术家和他们的作品一样逐渐倍受世人青睐。靳老，一代大家，有口皆碑，不仅在传统写实上建立了相当的高度，而且在艺术市场上也为首是瞻，在所谓的当代艺术泡沫渐渐净化之际，依旧保持劲猛攀升的态势，其作品《毛主席全身像》《毛主席视察上钢三厂》去年金融危机的风靡当口上，纷纷跃过2000万，给“传统经典，永不贬值的财富”予以实实的明证，同样精彩夺目的风景，靳老的造诣也非等闲；戴士和先生不久前在中国人大会议中心，一场“静物写意”，引来无数的粉丝驻足，只五件作品，多位名士，多界名流，中国艺术界知名评论家几乎悉数到场，研讨场面，蔚为壮观，一时热潮，前所未有；罗中立先生在市场上的劲霸，绝非一二年，在《父亲》的影响直透国人心间之时，巴山风情的市场争抢也是一连热热闹闹，价位高扬不下，而其风景之作，较之于人物，似乎淡些，但这些玲珑小件，件件如珍，可看作是画家才思才情不经意的默默展示。

近几年我觉得他一直在探索一个课题或者也可以说他自己所追求的方向，这就是写意性油画。写意性的油画这个说法是跟中国的传统文化有一定的关系的，因为在西方只有表现性的油画没有写意这一说，“写意”这个词是中国传统的。

自掏腰包五个亿，建成中国第一所私立美术学院，要像张伯苓一样。“我给自己定了三个转型，前二十年建一个美术学院，做个院长，而后潜心钻研绘画，做个艺术家，最后完成一个百年名校的夙愿，做个教育家。”姜立院长如是说，现在他正从一个院长向一个艺术家过度，暑后进中央美术学院攻读靳尚谊先生的博士。

克里木·纳斯尔丁 摇篮曲 120×110 布面油画 1982

李江峰 渔歌畅晚之一 70×100 布面油画 2009

中国名家
P96-195

096 克里木·纳斯尔丁

如果说朱乃正和陈丹青先生在藏题材上建立了一种高度，那么，克里木先生则是在疆题材上有着深刻的诠释；如果说当年的叶浅予老先生在水墨上对疆文化作了很好的概括，那么，克里木先生则是以油彩对疆文化作了另一种方式的表达。

114 杨尧

他又回到了质朴平实的风格，回到了单纯简练的手法，回到了对人的终极关怀，这是一种理性的回归，是在经历了种种人生经历和不同艺术尝试之后的回归，此时的创作在艺术手法上更成熟，在思想内涵上更深刻，这正是画家超越自己，又开启未来的地方。

128 吴海鹰

靳尚谊的《十二月会议》、詹建俊的《狼牙山五壮士》、罗工柳的《地道战》、陈逸飞的《占领总统府》、冯法祀的《刘胡兰就义》、侯一民的《毛主席与安源矿工》、全山石的《英勇不屈》、靳之林的《南泥湾》、汤小铭的《永不休战》以及吴海鹰70年代初期的《党是太阳我是花》，至今印刻在人们的心里，时时散发着他们的魅力。

146 李江峰

许多地方的财团、机构、个人一次一次接连邀请去写生、创作，取得了投资人和藏家的青睐。李江峰一直保持着睿智的思考和对画面语言不一般的捕捉提炼能力，展示出一个优秀艺术家非凡的才思才情。也正因为这样，李江峰的作品才具有相当的可投资性，虽然现在她已经有了很好的市场表现，平均价2万/尺上下，将来指定倍翻，单件作品突破百万大关应该不是什么难事。

172 赵晓佳

赵晓佳的画向我们展示了一个个全景式的大工业的场地构图，代表的是一个过去的时代。它们曾经辉煌过，但现在它们已经成为一片被阴云笼罩的废墟。那些东倒西歪的形象，那些狂乱交错的笔触，还有那倾斜的地平线，平添寥落和衰败气氛。在这样的图景里面隐藏了赵晓佳个人经历和记忆，而正是画家的这些经历和记忆，构成了赵晓佳作品中的隐形代码。

杨飞云 那时我们正年轻 125×115 布面油画 2006

068【凤池观察】

谁将成为未来市场的心宠（8）

069 朱乃正

当年的"三驾马车"，靳老愈"透"，詹老愈"达"，朱老愈"逸"，都在精进中前行。

072 郭北平

北平先生总能挖掘到人的内心深处去，这不是一般的画家们能做得到的。

076 陈衍宁

同志们对陈衍宁的画，不仅仅就为了欣赏他高超的技法和唯美的意境，还对中国本土画家第一个单幅冲破千万的骄绩，兴趣盎然。

079 杨飞云

无论是早期还是后来，只要踏进艺术市场的人，几乎没有人不谈到杨飞云的。

082 段建伟

它从农村来，却丝毫不土气，也就有更多不土气的人走近它，喜欢它，收藏它。

喻红 花花世界 177.5×182.5 布面油画 1992

085 冷军

中国有这么多玩这行的，还真不是谁想达到就达到的，恰恰武汉的冷军达到了。

090 申玲

不像则欺世，太像则媚俗，申玲用这把尺子真诚地丈量着世人的心，世人自然不会亏待她。

093 喻红

当年的“大卫妹”是越发地有名了，但他始终没闲着“捯饬大卫”的手，这就是一个艺术家永不放弃的起码的根。

196【来市之星】

最具升值潜力艺术家

刘昕 祈愿 92×73 布面油画 2009

196 韩中人

目前包括北京、沈阳、石家庄、南京、上海、广州等地一线城市的私企和个人已有对其艺术投资的先觉而接连与其代理机构在深入洽谈，伦敦、巴黎、柏林以及美国和西班牙的国际艺术展示机构也在积极筹备韩中人抽象艺术联展，当这些城市渐次飘过中人先生的“韩流“之后，接着而来的便是火市引爆——中人，必有好戏!

214 刘昕

刘昕骨子里迷恋古典油画艺术中尼德兰荷兰小画派的典雅与平俗的精神品质，他在日渐式微的传统样式里坚守着独语似的绘画苦行，在与世风相悖的技术追求里寻求精神与品质的自我完善。

230 宋卫东

像宋卫东这样目前还没怎么上拍的画家画作，大有可能成为下一轮投资的首选目标：一是因为这些原始股潜伏着十分可观的升值空间，再是他们的市场比较纯净，易于运作，而这一切都建立在作品质量之上，宋卫东具有。

254 陈新

河南好像是出农村题材的专业户，曹新林《粉笔生涯》饮誉整个中国油画界数十年，王宏剑《阳关三叠》热热闹闹地成为中国写实风格的代表之作，而段正渠的《东方红》整整唱响了大半个中国，现在，陈新又初露头角。

2010图片世界
P274–320

季宏敏 香格里拉的冰山 120×120 布面油画 2010

274 【中国美术馆】研究与超越——第二届中国小幅油画作品展

方寸之间，收得下高天厚土；咫尺之内，容得进世态万象。画法，可尽精至微，工于细密；手段，可任情挥洒，胜在气象。画家握取一方天地，运筹于股掌之间，以宏观调控微观，，老子“治大国若烹小鲜”是也。

296 与写实对话·季宏敏意象油画展

几年蛰伏，新貌渐出。

静心的思考，郁郁的沉淀，表现技法日渐成熟，笔底关怀愈发博大，季宏敏先生在其人物之作获得世人高度认可之后，又将艺术的触须深入风景，深入大自然，一挥手就恢宏大气，精细处有安德鲁怀斯的遗风，恣意时有文森特梵高大写睡莲的神韵，“与写实对话”一露面就吸引了江南河北的藏家买家。老季市场，定有好戏。

本辑所刊登的作品没有特别标明的均为布面油画

Classic
【走近经典】
永不贬值的财富大家
苏天赐

心灵之作，价值永恒

——苏天赐老师及其艺术

文/冯健亲（原南京艺术学院院长）

苏先生一生追随林风眠倡导的东西方融合和和而不同的学术理想。欢乐、单纯、执着的品性，忧郁、沉吟、激越的意志，一直伴随他的一生，他似乎始终承继着林风眠的艺术追求。

20世纪对于中国而言，是一个天翻地覆的世纪。说是"天翻"，指的是延续了数千年的封建帝王统治，被1911年的辛亥革命所打倒。自称为"天子"的封建帝王式的统治必须被推翻，这是中国历史的必然，也是社会进步的必然。说到"地覆"，理由是地球本该为一个完美的地球村，天下大同不能只是悬在空中的美好理想，应该成为脚踏实地的社会现实。我们终于在20世纪中叶，在饱受内忧外患的苦难之后，在中国共产党领导下，用武装斗争的方式，建立了新中国。在建设新中国的道路上尽管也有坎坷曲折，最终还是在20世纪结束之际，探索到了人与自然、人与社会、人与人之间和谐发展的成功之路，认识并掌握了实现"地覆"的正确规律。在短短的100年间，弱势的中国走过了强势国家数百年才走完的路。辉煌的成就有之，成功的经验有之；痛苦的付出有之，沉痛的教训也有之。凡此种种，既体现在经济上，又体现在政治上，也必然体现在文化上。当然，也反映在各个人的人生道路上。

我的老师苏天赐，1922年出生于广东省阳江县，从小经历了由苦难到翻身再到繁荣的艰辛岁月的磨炼。阳江是座有文化积淀的海湾小城，城北有一座金字形小山，山上保留着宋代石塔。苏老师自幼喜欢画画，小学期间就以自己的诚真对着有塔的小山作起了写生。可惜他11岁时不幸丧父，15岁时爆发了抗日战争，已经考入省立两阳中学的他，和进步青年一起参加了县立民众教育馆组织的抗日救亡宣传工作。1938年两阳中学被日机炸毁，他参加了大中文化社，全身心投入到抗日救亡运动中，出墙报、画壁画、刻蜡纸，有时还客串话剧演出，在血与火的洗礼中，苏老师的绘画才能得到了超常发挥，就此他也认定把绘画作为自己的终生事业。

1943年6月，苏老师在二哥的帮助下只身奔赴重庆，投考国立艺专，数月后终于如愿以偿。当时的国立艺专虽然奋力以法式经典美术教学方式授课，然而国难当头，画材奇缺，课程内容主要是画素描。按苏老师的回忆，一张好的素描纸，画了一次后用馒头擦掉画第二次，馒头擦不干净后用橡皮擦，橡皮不解决问题用肥皂洗，最后用刷子刷，就此一张纸正反面可以画10余次。作为穷学生的他为了求学，不得不将自幼珍藏的法国造双座油壶与一位富有的老同学换得5张进口素描纸。就这样画了擦、擦了面，画了洗、洗了再画地苦学，终于修得一身过硬的造型功夫。

不过进国立艺专对于苏老师来说，最大的幸运是结识了林风眠先生。这不仅是投到了一位好老师，更改变并决定了他的一生。1919年，林先生19岁时就有幸加入留法俭学会并赴法留学。先在国立第戎美术学院学西洋画，由于成绩优秀，半年后在院长耶希斯的推荐下进了巴黎国立高等美术学院柯罗蒙工作室专攻油画。1925年学成回国，受当时的教育总长蔡元培之聘任北京国立艺专教授兼校长。期间，林先生以"艺术救国"为追求，满腔热情地发起组织"北京艺术运动"，引起北洋军阀的恐慌及干预，"北京艺术大会"流产，他被迫辞职。1928年，林先生再次受蔡元培之委托，在杭州西子湖畔创建国立艺术院。作为艺术家，他崇尚真善美，追求艺术的本体功能；作为院长，他挣扎在政治斗争的风口浪尖，至1937年抗日战争爆发之际，他毅然率师生内迁重庆，第二年奉命与北平艺专合并并任主任委员。然而，生来就是纯真艺术家的林先生实在无法适应处于矛盾交织的领导职位，只能毅然请辞并深居于重庆南郊的农舍，潜心于他的艺术追求，一侍就是6年。正值此

苏天赐 春天 52×55 木板油画 1985

时，苏老师见到了林先生并成为他最纯真的学生，一直追随了一生。

1945年10月，国立杭州艺专在西湖原址复学。林先生受聘为西画系教授，苏老师则入林风眠画室学习并于第二年毕业。之后，苏老师虽然在广东艺专谋到一份工作，内心仍眷恋着林先生的教诲，于是毅然辞职赶赴杭州追随林先生深造，并受聘为助教，协助林风眠画室工作。这段时间，苏老师作了《林蒂娜》、《四十年代的林风眠先生像》、《蓝衣女像》等，更画出了被当今画坛誉为“实现了油画语言从西方体系向中国表达方式的基本转换”的《黑衣女像》，可惜如此前卫的探索因不符合革命美术的现实要求戛然而止。那时，尽管苏老师尽力适应，努力创作了《干部与农民》、《新朋友》等作品，结果仍免不了连同《黑衣女像》一起遭到了无情的批判。1950年，苏老师被派遣到苏州革命人民大学政治研究院学习，结业后调往山东大学艺术系。1952年全国高校院系大调整，苏老师随山大艺术系美术、音乐科与上海美专、苏州美专合并，并在新校华东艺专任教。1958年华东艺专迁址南京并于翌年改名为南京艺术学院，苏老师则成为南艺的骨干教师。而他的恩师林风眠则于1951年辞职离开杭州到上海定居，再一次启程于艺术本体功能的探索与追求。

自古至今，艺术的社会功能都离不开认识、教育和娱乐三大方面。三大功能在不同的年代会有不同的侧重，战争或动荡年代的艺术必然成为政治服务的工具，只有太平盛世才会有更多的歌舞升平。正因为此，我国在艺术为阶级斗争服务的年代里，艺术的本体性追求被列为形式主义范畴而定性为资产阶级艺术，被批判和打倒的噩运在所难免。苏老师则在20世纪50年代初完成了人生理想追求的改造，1956年光荣地加入了中国共产党。他努力把对艺术真谛的追求与革命的现实要求作巧妙地结合，从而创作出了《女社员黑媛》、《节日试新衣》、《苏北姑娘》、《春风又绿江南岸》、《江南秋熟》、《书记送饭》等一大批同样可以载入中国现当代美术史册的佳作。

是时势造英雄，还是英雄造时世？在20世纪的中国得到了充分的体现，而体现的典型方式则是一波又一波的政治运动。新中国成立之后，从“土地改革”、“三反五反”、“公私合营”、“反右斗争”、“大跃进”、“人民公社”、“社教运动”直至“文化大革命”，在不同的运动中，艺术家被赋予不同的使命，个人的追求必须让位于革命的需求。《开国大典》、《血衣》、《毛主席去安源》等名作是时代的产物，董希文、王式廓、刘春华等就成了时代的英雄。苏老师也经受住了革命的考验，还留下了《朱老总在南泥湾》、《弯弓射日到江南》、《诗的沉醉》等难得的传世作品。我于1957年考入华东艺专美术系油画专业，苏老师是我的油画启蒙老师，1959年起就有幸眼随他学画。毕业后我留校任教，由于学校发展的需要我被不断地更换专业，但又因运动的需要我又被多次安排与苏老师一起完成创作任务，正是凭着这种机会我跟随他一起体验生活、收集素材、完成创作，就此得到了耳濡目染的零距离的从师机会。苏老师作画时不喜欢别人在旁看着学，教学时也很少动手给学生改画，所以他的作画过程对于众多学生总存有一种神秘感，而这种神秘对于我来说却在一次次政治创作任务的完成过程中被逐渐揭开，仅此一点是否还得感谢一下政治运动?

苏老师到65岁时才有机会到欧洲绘画殿堂去“朝圣”，这与他的恩师林风眠先生相比确实晚了许多。林先生19岁就到法国留学6年，他出生在开放较早的广东省，有机会自幼就接受西方现代文明的教育和熏陶，这一点与同代的徐悲鸿、刘海粟相比优越了一大步。20世纪初，西方美术正处于新的变革时期，现代派美术已崭露头角，而且是革新思潮的代表。林风眠虽然只比徐悲鸿小5岁，但由于出生地开放的程度及接受启蒙教育的差别，尽管他们俩都于1919年先后到了巴黎，然而在吸收西方美术的视角上则有明显的差异。林先生较激进，对新思想、新事物多敏感，因此在回国后因与中国的国情不合拍而多次碰壁。徐先生较稳健而偏保守，对西方的现代派美术采取了排斥的态度，却正好与中国的革命需要合拍，反而成为新中国美术及美术教育的主流代表。刘海粟先生17岁创办新式美术学校，到1929年才实现欧游之梦。他之出访，除了学习，更是考察、验证，还激发出了要到欧洲弘扬中国绘画传统的宏大理想，在层次上又深了一步。苏老师到1987年才有机会去欧洲“朝圣”，实质则是审视。以专业经历言，此时的苏老师已百炼成钢；以所处时代论，中国的改革开放已迈出了高速发展的雄壮步伐。因此，65岁的苏老师到巴黎去“朝圣”，早已抹去了上世纪20年代中国画坛先辈们去“朝圣”时的稚嫩目光。苏老师到巴黎的第2天，就用7个小时参观了卢浮宫，接着又去了20多次，之后是奥塞、蓬皮杜、吉美、橘园、蒙玛特、毕加索、布德尔……他先以“猛吃”的方式补回40年的迟到，再以老牛“反刍”的办法细细咀嚼和品味，沉淀下来的却是“当我们从东方眺望西方艺术的高峰时，觉得遥不可及，经过细细寻找，始辨认出来都是人类心迹的延伸，它们达到的高度都是有迹可寻的，无论东方、西方都是一样。它们相距，其实并不遥远”的真知灼见。

20世纪80年代之后的中国，改革开放已结成丰厚的成果。太平盛世给画家们的创作

苏天赐 湖畔云影 53×72 布面油画

苏天赐 女社员黑媛 42×32 布面油画 1952
苏天赐 湖畔 48×66 布面油画 1949

展现了广阔的天地，苏老师的新生却是"返老还童"。1979年他作为硕士生导师，带着首批3位研究生作了一次被称为"春江之歌"的教学写生，路程是以富阳为起点的富春江、瓯江、温州和雁荡山之旅。这是一次经过10年"文革"磨难后迎接改革开放的转折性探索。在他作富春江写生时，其感受是："面对辽阔的江面，身旁的新绿随着修长的枝条萌长，突然觉得好像又回到了童年，我赤裸的灵魂可以纵身于大自然，而无须顾忌着旁人的窥视。"苏老师在一篇记述自己创作历程的文章中自问"为何要画画"、"为何要这样画"，而他唯一的回答是："这是我精神上的需要。"这种需要萌发于童年，幼时的他每当情绪低落而无可排遣时，就爱爬上故乡带塔的小山顶上，在塔影里远眺，迎着刷净大地的海风，望着大块云彩以及云影下的大小房舍，在忽隐忽现中推向一片蔚蓝的远方，面对如此充满生机的广阔天地，激发出的是永不止步的进取。正是这种精神，当他饱受时代洗礼重新回到阔别数十年的带塔的北山时，尽管拆了又建、建了又拆的故乡已面目全非，旧时的小屋已被簇拥的楼群替代，只是海风依旧，极目之处依然蔚蓝一片，虽然人生苦短，精神探求却永恒。苏老师再一次迈上信步而行的征程，以自己的真诚回报大自然无私的馈赠。这是真正的艺术家的永恒追求，无须区分东方与西方，差异仅仅存在于不同的载体。油画来自西方，作为一种文化，西方画家已将其发挥到极致，然而将其作为一种质材，苏老师认为："如何运用取决于人的智慧，中国人可以从西方画家的实践经验中得到启发，却无须一成不变，其实西方传统油画的标准在近百年来早已逐步化解……中国油画可以和西方油画并列，问题是必须作出出色的创造。"苏老师正是以毕生的精力、永恒的追求、足够的自信完成了他的中国油画的创造，其成果是中国油画发展史上不可忽视的一块丰碑。

苏老师一生都在用心灵作画，顺畅时如此，挫折时也如此。当今油画界都对《黑衣女像》推崇备至，而对苏老师的另一幅杰作《女社员黑媛》略显冷落。这幅画尽管作于他敛步而行的1953年，然而当他面对17岁的黑媛在家舍亮瓦下照射出来的饱含青春汁液的脸庞时，"竟令我如同遭遇到故乡云影下闪烁的景物一样着迷"。当他再一次在亢奋中完成作品之际，居然忘却了"有悖于政治需要"的批判。不过，艺术终究是忠实于真诚的。请看近50年后旅欧艺术家熊秉明先生对《女社员黑媛》的评价："画中的气氛有一种生命的密度"；"这种生活气息是中华民族所特有的，中国乡土所特有的"；"我看到这幅画，联想起在国外第一次听到郭兰英的歌声，高亢而浓烈的土腔使游子的心被激烈地搅动了"；"但是我仍愿把我的激动写下来，说出在政治的锣鼓之外，市场的喧嚣之外，我所听到的生命与艺术的另一种声音"。或许苏老师画黑媛时未必会预测到有如此大的震撼力，我们要说的是：只要是心灵之作，其价值就是永恒的。

苏天赐 秧田 53×77 布面油画

[各家说法]

中国油画艺术从20世纪初期开始有两种发展目标：一是要尽量把西方的绘画技术、观念、艺术与社会的关系等移植过来。二是如何使中国油画本土化，能够反映民族的感情，就如同我们的文学、诗歌、水墨画这样的艺术。从现在的角度来看，后面的追求是一个更高层次的追求。当时的国立杭州艺专聚集一大批著名艺术家，如林风眠、吴大羽、潘天寿等，他们的共同点在于把绘画作为人文艺术，关注绘画的人文理念、精神性和思想性。中国美术学院经常提到“薪火相传”的观念，这个薪火传到苏天赐这一代，遇到一个重大的历史转折，即新中国的建立。中国共产党有自己的一套系统完整的、明确的、行之有效的、经过实践检验和调整的艺术方针和思想策略，所以新中国的建立确实是中国艺术的一个阶段性转折。而苏天赐及其老师在艺术思想、观念方面显然与中国共产党所倡导的方针存在着明显的差异。这使他们在新旧社会更替的巨大转折之间，遇到了严峻的考验，苏先生不仅受批判被调离，到山东以后，仍然要接受尖锐的严格的考验。经过这一段“思想改造”之后，他开始描写工农兵群众，在作品中呈现出当时民众“喜闻乐见”的一种风格。苏天赐的画风在建国后的60年间经过了几次转变，但他保持了原有的格调，每次转变基本上都是沿着原有的路线和方向发展。到上世纪70年代晚期，他开始比较确定自己该怎样走，对中国文化有一种深刻但又是平静的关注，而在形式上体现为清新、自由、单纯、旷达的形式，他70年代后期到80年代的画，可以说跟中国古代诗词、文人画在精神上一脉相承。苏天赐这一辈以及比他早的赵无极、朱德群，包括吴冠中，在艺术上都有共同的地方。西方语言学家有“家族的相

苏天赐 槐花 67×56 布面油画

苏天赐 喧闹的春山 54×54 布面油画 1985

似"之说，我们也许可以借用这个说法，来比喻这几位出自杭州艺专的画家在艺术追求上的相关性。当然，他们不止于画风的相似，而且确实具有"共同的"艺术血统。正是这种内在的"共同性"，使他们的艺术成为20世纪中国绘画史上引人入胜的艺术现象。当然，苏天赐又有其特殊性，这是需要我们今后继续关注和挖掘的。(水天中)

艺术教学不同于普通的教学，学习艺术的过程很大程度上是一种自学的过程，老师在教学中的指导作用往往是渐进的、潜移默化的。首先，苏老一向是身教重于言教。苏老话不多，经过多年相处我发现他表面内敛沉稳，但内心充满激情，是一位充满浪漫情怀的艺术家。他为人正直，这种精神给我们以很大的感染。常言道"学高为师，身正为范"，他确实做到了这8个字。其次，他的教学着重在于学生素质的提升。艺术教学本身就是一个特殊的教育活动，最重要的不是技术性的问题，苏老很少谈具体的油画技法之类的课题，他更重视的是作为一个学习视觉艺术的人如何通过学习提升对形体、色彩的感受能力、表达能力。苏老在具体的油画技法方面有很深入的探索，无论在材料的运用、作画的过程都是很讲究的，但他不认为这是首先要传授给学生的。他认为首先要提升学生从事视觉艺术必须具备的基本素质，培养学生的眼光。他所表达出来的很高的艺术鉴赏眼光、品味给学生的影响是很重要的。第三，我觉得苏老始终坚持一种开放的、开明的艺术观念，这对我们影响很深。他做到了这一点：作为画家和作为教师是两种不同的身份，作为画家可以固执己见，坚持自己的追求、探索，因为艺术本身就是一种个性化很强的活动，可贵的就是有独创性；但是作为教师，

职责所在，必须要能够兼收并蓄，眼光应该更加开阔。所以，他对西方美术史上的每位大师的点评都充满崇敬和感情，无论是哪种风格，只要是人类历史上宝贵的文化遗产，他都以非常尊重虔诚的态度来介绍。正因为这种开放的艺术观念，他在教学中自然而然会做到因材施教。他尊重学生的不同追求，他看过我们的画，都会顺着我们目前所做的努力给予提示。（沈行工）

我在南京艺术学院本科学习期间是学国画的，1983年考入苏先生门下读油画研究生。在三年的学习过程中，特别能感受到苏先生因材施教的真功夫。他在教学中注重启发学生的“思”和“悟”。这两个字在中国传统中代表着对宇宙大地、人生万物的体悟方式，同时也是传统中国画的南派的重要创作特征。这种创作思路注重的不是理性推演，而是领悟和感应，主张大致遵循一个主要的原则，然后尽情发挥创作个体的自由。这是苏先生在《我站在画布前》文章中提到的两个原则，也是林风眠先生早就提出的：第一是艺术应当引导人类的精神永远向上，第二是要热爱自然，忠实于自己的内心。以上两个原则始终贯穿在苏先生对不同基础、不同个性的学生的培养过程中。如今回想起来，苏先生并没有跟我们讲过多的油画技术，尽管他对西方油画各流派大师的技法表现都了如指掌，并且在教学过程中贯穿着简练精彩、点到为止的讲评；而且抓住关键，切入艺术的本体。在此，苏先生强调创作者在艺术表现一瞬间的心灵感应，强调创作前乃至写生准备时，要有全身心的投入，包括个体生命的身体力行，在特定环境中用自己的身体血肉，去领悟空气、对象、环境，在这个过程中调动个体的思维、想象力、文化积累以及历史知识素养等等，综合而成为一幅杰作产生的源泉。（丁方）

苏先生的艺术历程，其中有两个时期特别值得重视和研究。先期是1948—1949年受聘为国立艺专助教期间，在林风眠先生的启发下 ，苏先生对东方和西方的艺术传统作了深入的研究，并在创作中探索两者融合的可能性，寻求形体与线条，外在的形体与内在的神意的结合。这时期创作的一系列女性肖像画组成他艺术历程中的首次高潮，

苏天赐 太湖春 55×55 布面油画 1984

苏天赐 太湖鱼塘 107×107 布面油画 1992

是他探索自己独特艺术征途的开始。遗憾的是这种有益的探索在那个尚“左”的特殊时代很快就中止了，为了不越雷池，他的风格出现了迥异的转折。所幸的是，他在与时俱进中并未失去自我。面对大自然的造物作画，他仍是抑制不住要倾注他那满腔诚挚的赞美之情。70年代后期极左思潮终结，苏先生重新享受身心的舒畅和创作的自由。这是至关重要的时期，改革开放后古老的中华民族重新焕发勃勃生机，苏先生仿佛又回到了青年时代。近三十年的尽情挥洒显示出他博纳的胸怀，也透露出他对艺术事业的坚贞和执著。在融会中西的道路上，苏先生是成功的范例。在油画领域里，中西互补、多元渗透已毋庸置疑。另一方面把中国画的意境，中国画的点线结构和意象构成观念运用到油画中去，也为大家所接受。我觉得最重要的是把大自然的景象经过画家自己的艺术形式系统把握并超越它，把感受和理解到的东西，通过富于感情的和属于自己独创的风格系统表现出来。这需要画家本人对现实生活的特征有独到的发现和领悟。苏先生清醒地认识到，要“创新”就必须立足于中国美学的立场，着力探讨油画的民族神韵，在作品中注入中华民族的精神气质，显示东方文化的新意境、新风貌。我理解这是苏先生艺术成功的原因。（肖峰）

中国油画有两大派，一派以写实、再现的手法为主，重摹仿自然，强调反映历史、社会现实，重功利，以励志为目的。当然，中国需要这样的艺术。一派以写意、表现的手法为主，有很强的个人主观因素，强调个人的感受，题材多风景、花鸟、静物，有慰藉灵魂的作用。像林风眠先生所说的那样：是一杯

苏天赐 山景 55×55 布面油画 1978

清水、一杯醇酒、一位淑女。此派在解放以后受到贬抑和冷遇。解放前，此派的重镇是杭州的国立艺专，代表人物是林风眠，还有吴大羽、关良、赵无极、朱德群、吴冠中、席德进和苏天赐。自改革开放以来，此派渐渐深入人心、光华四射。这次苏天赐先生的油画展在中国美术学院举办，湖山有约，令人欣慰。苏先生的油画被称为“写意油画”，魂兮归来，今天我们在这里探讨苏先生的艺术，这是研究、发展、弘扬此派的一个很好的机会，愿中国的油画艺术，真正流派纷呈，更加成熟。（郑朝）

苏天赐先生的画是出于灵魂，对人生、对世界的感悟，都在他的画里面。我看画展这种感觉很强烈。气韵生动是画中很重要的元素，文人画都非常讲究这些。作为我这样画西画的，我一直在考虑这些问题，尽管我手里拿着油画工具，但是作为中国人感受的东西无论如何都躲不开中国的传统。我生活在江南，怎么画好它，我想苏先生也在考虑这些问题，他的画面中可以看到追求画面的意境和韵味，这是绘画的本质的东西、灵魂的东西，很多画油画的人不能体会到这点，但是苏先生体会到了，其中很重要的一点是他对生活的真诚、人生的真诚、艺术的真诚。作为中国的艺术家，要有中国的东西。正如我到俄罗斯看到的风景的感觉，就是列维坦油画的味道，但这种味道在我们的江南是找不到的。苏先生他非常尊重自己的感觉和艺术本质的东西，画面的气和韵，这一点苏先生解决得非常好。绘画本体语言方面他做出了突出的贡献，这也是所有的大师们的成就所在。（潘鸿海）

我从20世纪70年代末开始了解苏先生，苏先生给我的印象是他的作品呈现出新的趣味，与之前的趣味有所不同。他1949年《黑衣女像》的趣味没有得到延续，因为跟未来发展指定的方向相背道。我们解放初期的选择赋予油画过于沉重的负担，要求油画担负起阐述历史故事的使命。在这样一元化的时代，在教学中很多老师不能被放到正确的位置上。纵观苏先生作品发展的几个阶段，1949年之后有些不是完全出自他自己意愿的，1979年之后才回复本来的追求，他的追求不仅是追随林风眠，而且发展和培育了自己的新趣味。全国各大美术馆、学

（右）苏天赐 湖畔 39×79 布面油画

者都在挖掘国内出色的艺术家，对于苏天赐先生我们也有一个重新认识的机会，在重新写艺术史的时候我们也可以从不同的角度看我们的时代。（潘耀昌）

苏先生很喜欢19世纪的西方艺术，西方浪漫主义的传统与中国诗歌的传统作为他的艺术探索的起点，很顺利地融入他的绘画。19世纪西方浪漫主义探讨了人和自然的关系，包括人在自然中的感觉、人在自然中的位置、人面对自然时如何认识自己。在自然的崇高和人对自然的敬畏这种困惑中，苏天赐又接上了中国的传统的余绪，中国的传统是人和自然的接近。苏天赐作品中的自然有丰富的角度、情态，这种情态在于人借助自然的方方面面的形态来表达自己的感情。苏先生作品中不仅有抒情的柔美，还有一种庄严。这种庄严感不像德国浪漫主义绘画着重表现人在自然面前的敬畏。苏先生的庄严情怀是让自然柔和地、温柔地包围着我们的心灵，感到了自然的伟大和自然对人的慷慨，他对自然充满感激之情，这种感激之情是他探索中西艺术和自然的切入点。苏先生的理念来自于对人和自然相处的关系的思考，所以这种思考里充满了一种柔和、温情，充满了人性的温暖。（徐虹）

苏先生一生追随林风眠先生倡导的东西方融合和和而不同的学术理想，欢乐、单纯、执着的品性，忧郁、沉吟、激越的意志，一直伴随他的一生，他似乎始终在承继着林风眠先生的艺术追求。林先生这一拨人个个都是激情四射，富于诗情的散文高手，在控制画面和写作的激情流露时是那样的阳光灿烂，真情灿烂，是什么力量指引这些人善写文章、善描景物、善解人意?吴冠中如此，赵无极如此，苏天赐也是如此。奇哉!我喜欢苏先生的一首雁荡诗句：山花纵野火，顽石迸清流;巨笔蘸潭水，泼墨写鬼头!这是多么具有浪漫精神的诗句，这浪漫的诗句、品性是这一代人具有的特殊品格。自上世纪新文化运动以来，林风眠先生走了后印象主义的路，而徐悲鸿先生走了19世纪古典主义的路线，这两条路线的发展的路径在中国社会结构和政治运动的主张下，发生了变化。尽管林风眠先生路线最终崇尚线性的东方文化融合之路，又或者强调油画的民族化，在政治上“成教化、助人伦”方面失去了支撑，常常处于自娱自乐的境遇之中而非官方化;而徐悲鸿的艺术主张恰好适逢苏联的革命现实主义手法的官方化语言的机遇，基本上处于主流的创作地位。我们今天在这里面对这样一种艺术现状，并不是要推崇谁的艺术主张，而是要带着一种理解的心，理解画家，理解社会的需求，两条油画的发展之路，都是中国艺术发展之路，需要经历和让人心满意足地去感受的一种体会。苏先生最后的作品是《万古相依》，这是幅没有完成的作品。这张作品实际上之前画过一张，2006年3月份他仍然想把这幅画画完，但没能完成。《万古相依》以这样一种绝笔的方式，表达的是对山水对任何自然融合的感受，以这样的方式完成精神和人格的一种诗意，完成了一种寂静的禅意的谢幕。（王赞）

苏天赐 槐花 54×47 布面油画 1962
苏天赐 山庄临窗 80×100 布面油画 2006

苏天赐 黑衣女像 83×68 布面油画 1949

苏天赐 躺着的裸女 55×65 布面油画 1993
苏天赐 苏北姑娘 92×75 布面油画 1963

苏天赐 温泉之秋 54×38 木板油画 1979

苏天赐 古木春萌 56×56 布面油画 1985
苏天赐 新安江畔 48×38 木板油画 1979

苏天赐 田间 28×50 布面油画
苏天赐 海姆巴赫掠影 布面油画 41×61 1993

苏天赐 鱼塘 60×80 布面油画 1991
苏天赐 白桦 54×39 纸板油画 1985

苏天赐 蓝衣女像 73×51 布面油画 1948

苏天赐 海 67×67 布面油画 1981
苏天赐 苏州女 52×45 布面油画 1962

苏天赐 海 53×100 纸板油画 1956
苏天赐 春风又绿江南岸 50×60 1962

苏天赐 渔船 52×97 布面油画
苏天赐 秧田 32×55 纸板油画
苏天赐 霜叶 68×68 布面油画 1988

苏天赐 松与潭 55×40 纸板油画 1985

苏天赐 小村 30×42 纸板油画 1981
苏天赐 好溪 41×28 木板油画 1979

苏天赐 傣村 55×39 纸板油画 1985

理想美的追求

——评靳尚谊油画艺术

文 / 张祖英（中国油画学会副主席兼秘书长）

靳尚谊 五指山下 50×60 布面油画 1998

在当今的中国文化艺术界，靳尚谊与中国油画艺术的发展有着密切联系。他在艺术上的远见卓识和独特的风貌，曾影响了一代年轻艺术家的选择。靳尚谊在创作实践中积累了丰富的经验，并通过在中央美术学院的教学将他的艺术主张辐射到全国。他不但将中国油画水平向纵深推进，而且还掀起了20世纪80年代中期我国一大批艺术家投身古典主义的热潮，深化了我国油画艺术的表现语言，正是在他的倡导下，中国的油画肖像艺术得到长足的进步。由此，他作为中国当代油画的一位代表性画家，其创作成就成为中国油画艺术成熟的标志。

靳尚谊的绘画创作可以说是以革命历史画为起点的，人们熟悉靳尚谊也是从他取得革命历史画创作成就时开始的。从1957年油画训练班毕业创作《登上慕士塔格峰》起，靳尚谊陆续通过《送别》、《我们的朋友遍天下》、《十二月会议》、《长征》（原名《踏遍青山》）等革命历史画的创作，显示了他的艺术才能。也许正是由于历史画的创作，使他对历史的思考，自然地转向对人生和人的精神世界的探索。这一过程促使他发现自己偏爱用单纯简练的构图、尽可能少的人物来反映广阔的社会内容。这种自然发展并渐渐明确起来的意识，成了他艺术道路上的一个重要转折点，使他从模糊到明确，从自发到自觉，找到了适合于自己素质与特点的绘画语言——肖像画这一创作方向。

为了寻找适合于自己肖像画创作的表现形式，在绘画技巧上，他曾学习和研究过伦勃朗、荷尔拜因、巴巴和弗罗贝尔等人具有浓烈特点的绘画风格。常言道："画如其人。"绘画的特点常常是画家内在素质的反映，由于他与那些画家素质不同，尽管他十分喜欢他们的作品，风格上努力追求他们强烈奔放的效果，但是他的画总是具有他自己的特点：柔和、单纯、微妙、含蓄。然而经过一段时间纵览各家长处后，他明白一个人的短处和特长是紧密相连的，艺术探索过程中能否扬长避短、广泛学习，而有选择地借鉴适合自己特点的手法，是建立自己风格的关键。靳尚谊摆脱了一度的彷徨苦恼，重点选择了波提切利、维米尔、安格尔等与自己特点相近的一些油画大师的作品，进行研究和借鉴，用来发展自己的特长。实践的经验使他深深体会到：尊重传统，但不要拘泥于传统。盲从任何一位前代大师、机械效仿，恰恰是违背传统。

靳尚谊对油画技法的探索研究，对绘画风格的不断丰富完善，目的还是为了掌握更多的艺术手段来充分挖掘和表现作品中的人物内心的精神世界。这一时期，靳尚谊艺术上的探索主要是继承欧洲传统油画的写实手法，熟练地掌握了色调组合和用笔塑造形体的精湛技巧。《小提琴手》、《中学生》、《山东老大娘》等作品体现了他这一时期探索的成果，逐渐形成了他独树一帜的艺术风格。

在当时改革开放的形势下，画家寻求突破原有单一的表现形式，重视形式探讨，靳尚谊开始潜心研究中国油画发展的路子。他认为：油画艺术虽然发源于欧洲，可是无论在中国还是在欧洲，对于每一代艺术家来说，都有一个继承和发展的问题。时代、环境、民族乃至工具的变化，绝不可能再重复大师们的老路。要想攀登艺术高峰，必须在吸收大师们营养的同时，立足于自己民族的土地，使西方油画和中国传统艺术融会贯通，走出自己的路来。这使他立足于新的出发点对自身的发现，随之进行了一系列实验。

一般说来，人们比较注重肖像画对象的个性，表现特定环境下人物的情绪，即着重对象的肖似性。这种认识大部分来自我们多年来受19世纪俄罗斯绘画学派影响，也包括委拉斯贵兹和伦勃朗的肖像画，画中人物人性都很强，人物造型特点、动作特点、表情特点都是活生生的，个性鲜明又强烈。在以往相当长的时期里，靳尚谊一直处在这种体系之下。从技法上说他也只是偏重用笔触塑造形象，注重形体和空间的虚实处理。但在社会生活中靳尚谊对某些扭曲现象的不满，幻化出愈来愈强烈的想要表达美好的理想审美的愿望，强烈的情感需要强烈的绘画形式，靳尚谊深深感到自己原有手法的不足。他悟到了欧洲油画中存在着的强明暗体系的特性和肖像画中体现古典油画理想主义的启示，传统欧洲油画中几乎所有的画面都处在顶光、侧光、半侧光之中，从而形成一种层次丰富、体积浑厚而明暗变化莫测的特殊美感。他更明确了自己的追求：除了理想生活、理解世界之外，在艺术上要把欧洲油画那种厚度、体积因素和人物的抽象化结合起来，不能满足于简单地再现对象，而是要在肖像画上体现出画家自己的审美观念和社会与人生的看法。

1983年《塔吉克新娘》的创作，标志着靳尚谊进入了新的境界，他从一般的忠实对象的

靳尚谊 村落 45×55 纸板油画 1997

情绪出发的局限中摆脱出来,加强了处理对象的主动性,运用古典主义手法,强明暗的处理,轮廓明确、色彩单纯强烈,以塔吉克新娘优美动人的形象,略带羞涩、拘谨的表情,对追求幸福生活的强烈、奔放的感情,予人一种美好、纯洁的触动,表现出靳尚谊自己对生活的主观感受和强烈向往,从而把自己的艺术风格、审美理想、生活抱负融为一体,创作个性得到更鲜明的发挥,进入了他创作的黄金期。以后的《瞿秋白》、《树荫下的少女》、《青年女歌手》、《窗下》、《三个塔吉克姑娘》、《高原情》、《果实》一系列深受欢迎的精彩作品相继完成,体现了他在艺术上的飞跃,取得了很大的社会影响。

这里还需要提到的是,这一时期靳尚谊还创作了不少精美的人体作品,如《双人体》、《侧光人体》、《自然之歌》、《女人体》等,都具有较高的品位,其中大都反映了一种单纯、宁静、安详的气氛和情绪。在这些人体作品的表达上,除了充分运用肖像创作中的色彩及笔墨技法外,他还着力通过边线整体的洒脱处理和环境的有机组合,把复杂的造型简约和单纯化,追求洗练、流畅、纯净的境界。靳尚谊的人体作品的特色还在于色调变化丰富而色阶变化微妙,经常把复杂的色彩变化统一在安静的基调中,形成一种纯洁、崇高之美,体现了对人自身价值的歌颂,这与他在肖像画创作中对理想美的艺术追求是一致的,从另一侧面丰富了肖像作品的内涵力。

艺术作品是艺术家思想境界和艺术情趣的真情流露,靳尚谊内心有一种实现奋斗目标的强大推动力。正如他自己所说:“现在我把肖像画创作作为一种手段,目的是要体现我的理想和对现实生活的追求。”他从20世纪50年代开始,把艺术理想凝聚在肖像创作之中,刻画了一系列中国现实生活中有代表性意义的人物,成为一个时代人们追求美好生活、追求丰富的精神世界、追求善良与智慧的象征。而难得的是他不仅在炽热的追求之中,而且时时刻刻在冷静的探求之中。他是力图通过对理想生活的描绘,来纯净人们的心灵。在这个意义上可以说他是一位追求理想美的画家。

对于一位成功的艺术家来说,正确的认识与艰苦的艺术劳动是分不开的。在探索的道路上,靳尚谊所以能正确地发现自己、确立自己,与他实事求是追求真、善、美的艺术观有着密切的联系。同严肃地对待生活一样严格苛求自己,而不取巧求捷,不苟且偷安,创作态度就像治学态度一样十分严谨,正是这种艺术家应有的可贵品质,为他确立自己的艺术面貌和肖像画创作的探索,起了保证作用。

综上所述,靳尚谊的艺术成就,突出地体现在他把欧洲古典油画精髓及它所体现的崇高理念,在当代中国的具体条件下,较好地使之与中国民族艺术传统和精神交流融会,开创了中国油画新古典主义学派,成功地在作品中体现出他个人对生活理想的追求;从文化角度上说,他对油画这一外来艺术形式与中国传统文化的结合,在一个方面进行了带有启示性的探索,从而为中国当代油画艺术发展做出了杰出的贡献。在这个意义上,靳尚谊的绘画创作成就和为推动这门艺术发展所作的贡献具有承前启后的作用。

靳尚谊 傍晚 16.2×23 纸板油画 1988

靳尚谊 延安的树林 50×60 布面油画 2002
靳尚谊 伊豆半岛 55×45 布面油画 2001

靳尚谊 桃花 29×39 布面油画 1967

靳尚谊 海滨的船 24.7×33.5 纸板油画 1988

靳尚谊 万泉河 65.4×80 布面油画 1999

靳尚谊 绿荫下的窑洞 45×55 纸板油画 1990

戴士和油画的写意性

——《画我所要——戴士和油画写意展》研讨会上的讲话

文/潘公凯（中央美术学院院长）

老戴这些年来一直在思考油画的发展问题，也跟我聊过和探讨过几次，油画在近二十三年的发展当中，我个人认为有了突飞猛进的成就。在全国的油画界应该说出了一大批人才，无论是哪种绘画语言、哪种表现形式，普遍水平都有大幅度的提高。对于中国美术近二三十年的发展我个人是非常赞扬的，我觉得这二三十年比以往在技巧、观念和对艺术的理解上都比以前深入得多，成熟得多。我们的眼界开阔了，我们各个艺术院校的教学也越来越规范、越来越扎实。所以我们培养出来一代一代年轻人的水平，我觉得都是相当好的。

我想我们全中国的油画家，尤其是中青年的作品，如果把他们的作品拿到全世界去，都可以让外国的朋友们感到震惊。在这样一个大的背景之下，作为每一个单独的、个体的艺术家，尤其是已经到了中年的比较成熟的艺术家要进一步向前走，要画的更好，要走出自己的路。而且这个路不仅仅是自己的追求，这个路还必须要在中国这样一个特定的文化背景之下，在这样一个美术的大气候之下走出来，让大家觉得方方面面都很合适，走得很好，又有创意，又跟整个大背景的步伐相一致、相协调，其实这点是非常难做到的。

我想不仅是央美的教师们，这是每个人都在思考的问题。正因为现在信息流通非常的方便，也正因为我们的国际眼界已经非常的开放，所以我们要走自己的路就更加困难。所以在这个方面我可以体会到戴士和先生在这方面所做出的努力，所做出的思考。我想他在近几年一直都在思考自己作为一个油画家怎么能够走的更好、走的更远。

近几年我觉得他一直在探索一个课题或者也可以说他自己所追求的方向，这就是写意性油画。写意性的油画这个说法是跟中国的传统文化有一定的关系的，因为在西方只有表现性的油画没有写意这一说，“写意”这个词是中国传统的。写意这个词在中国传统文化里面有它非常丰富的历史积淀，这个词的含义在整个中国的文化史的发展当中它逐步完善、逐步丰富、逐步地深化。这个概念成为中国美学或者说中国审美学大的范畴当中的一个核心概念，是中国传统画跟西方绘画相区别的一个非常重要的特征，是中华民族特有的在视觉表现上的一种独特追求，并且形成了从创作到鉴赏的一系列的一种“读”和“被读”之间一种体系性的结构，所以写意这个概念是非常复杂的。在这些方面我想老戴思考得很多，而且在自己的实践过程当中一直在摸索，他是边思考边实践，并且在实践的过程当中思考。

这批作品拿出来陈列在这样一个大厅里，我觉得能够给我们一个非常新鲜的，非常有特色的这么一个整体感觉。戴士和先生所思考和追求的想在写意性油画方面走出一条路来，我觉得在这个画展当中已经让我们感觉到这个路已经开始走出来了，我觉得这是非常不容易的事情。这些作品它跟西方的表现性的油画，我觉得有点不一样，他很随意、很潇洒、很诗意、很自由，但同时又不过于张扬，在这个当中有一种心态的平衡，而且在心态的愉悦、自由和约束之间，我觉得他在寻找一种非常好的结合点和非常好的一种平衡态。这种结合点，这种平衡态我想是写意性的一个非常重要的要求，而且是一个高标准要求，写意并不是说越潦草、越自由、越疯狂就越好，在中国的文化当中“度”是最高的原则，“度”是最难把握的一个东西。我觉得老戴在这个展览当中，这些画虽然是写生，是不同的对象、不同的情景、不同的时间、不同的颜色调子。但是我觉得他这个里面都有一个对于度的把握，包括各个不同色彩的关系，看起来非常的自由、非常的主观、非常的随意，但是在这自由、主观、随意当中处处可以感觉到他对于度的把握。

戴士和 瑞金毛泽东等人共用的餐桌 120×120 布面油画 2009

戴士和 汕头小村 42.2×42.3 布面油画 1999
戴士和 室内·灯下 110×140 布面油画 2005
戴士和 毛泽东宴请陈嘉庚的三素一荤局部

戴士和 绿窗帘 33×33 布面油画 1997
戴士和 林场村路 37×37 布面油画 1997
戴士和 杨家岭毛泽东办公室的小桌局部

戴士和 山寨 50×50 布面油画 1998
戴士和 雨中 35×35 布面油画 1999
戴士和 毛泽东的书桌局部

戴士和 三亚写生 40×60 布面油画 1999
戴士和 炎热的傍晚 30.6×37.5 2003

戴士和 通州塔影 布面油画 2010

读罗中立风景画

文 / 王林（四川美术学院教授）

罗中立 法国郊外 39×52 布面油画 1995

在人们的印象中，罗中立是人物画家，主要对象是大巴山区农民。然而就其画作的数量而言，风景画更多。

罗中立的风景画大致可分为三个阶段：附中时期、出国时期和院长时期。作这样的划分，不是这些时期的前前后后罗中立就没画过风景，而是因为他在这三个时期的风景画创作相对集中，且各有特点，既便于笔者论述，也便于读者观览。

罗中立曾谈到过画写生风景："这种手工活，我们这一代从起步开始，实际上水平并没有增长。我看我附中也就这水平，有时候甚至觉得还是那时画得好。"对一个成熟的画家而言，其实画得好不好已不太重要。仅仅从学院教育所谓专业角度看，构图、形态、笔法、光影等等，要画出对象的精神，甚至要画出个人风格，固然需要长期训练，但并不是什么太难的事儿。关键在于你能否画出具体的、在场的、独特的感受。这种感受不仅仅是风格化的，它需要视觉的敏感和尖新，需要心态的自在与无碍，需要手头的灵动与才气。从这个意义上讲，我不喜欢那些画得很好的、程式化和样式化的风景画家，那是在制作风景，不是在画画。也正是在这个意义上，我把罗中立的风景画划出不同时期来加以讨论。

附中时期的作品比较学院气，讲究构图，块面的分布较为严谨，或者说画得很正确。因为注重块面之故，形体的团块感明显，从色彩看黑白灰关系比较清楚，用色直截了当而略显粗略，不在意细节刻画的微妙变化，再加上总是使用比较宽阔的笔触，画面倒是显得质朴而厚重，有一种耐看的拙味。似乎从一开始，罗中立就不是那种画得轻松、飘逸和帅气的画家。米兰•昆德拉所言"生命中不能承受之轻"，对罗中立而言恐怕是与生俱来的。

出国时期的作品已是在他的《父亲》成名且画了《故乡组图》之后。指出这一点并非不重要，因为在《故乡组图》中罗中立已经开始用一种主观的变形方式处理对象，把笔下的农民画得敦实粗矮，从题材的意义思考转为形式的意味创造。这一时期的风景画主要是罗中立在游历欧洲时创作的。因为一路旅行之故，作品有速记写生的特点。这是一种日记式的绘画方式，记录了罗中立的行旅与勤奋。其画色彩浓郁而饱和，以线条勾勒为主，像抓拍一样，迅速抓住瞬间印象和心灵的触动。构图不求完整，只求留下让眼前一亮的景物。形体的处理根据画幅，显得粗重稳定，这一点与附中时期画建筑的团块感有关，也和《故乡组图》中画人物的敦实感有关，这些似乎是罗中立绘画中贯穿始终的东西。至于用笔，此时画家已显得十分自信，不拘一格，率意为之。其中有些画出现的参差感，开始显示着他后来画风的某种改变。在城市建筑中，罗中立把树枝画得野性十足，其中潜伏着来自山野的冲动，一种城市风景中难以囚禁的激情。

院长时期的风景画出品多多，乃是抢时间的结果。如果罗中立不当四川美院院长，他可能还是天天提起一瓶水进画室，一定是

罗中立 罗马 39×52 布面油画 1995
罗中立 河 37×52 布面油画 1995

油画人物多而水彩风景少。只因为他太爱画画，只因为他太勤奋，所以总是忙里偷闲，找机会出城甚或出国，寻时画画。因为来之不易，所以珍惜、专注、用心，其状态和有事没事找画来画大不一样。此时的风景画，题材不论，或田园农舍，或旧城小巷，或景区茶廊，或遗址断墙，往往是对景速记，写生作画，抓住在特定季节、特定光线、特定氛围和特定心情中的眼前景物。动作迅速而具体，寥寥数笔，一阵涂抹。形神兼备。本来景物长在，但感觉兔起鹘落，稍纵即逝。抓住并留下那一顷刻的感觉、感受、感悟和感动，对罗中立风景画来说至关重要。记录下这一点，那逝去的一切就并没有消失。日后回想，尽管记忆不会历历在目，却保持着鲜活与生动。带着回顾与回味的兴奋，在画面上涂抹淡彩，对罗中立而言的确是一种享受。所以他笔下的风景画得自由而自如，既给你在场之感，又充满回忆之味；既不失冲动，又不觉急迫。在画中你不仅可以看到罗中立所见所闻的经历，而且可以读到他当时当地的感受；不仅可以观赏到他四处采撷的风物，而且可以体会到人与物之间难得的通融——只有在艺术中，这种通融平易而深入、偶然而珍贵。

老实说，画家要画到随心所欲的份儿上，也只有速记写生一类的风景画可以做到。因为在这里，没有多少功利，也无需太多的意义。因为热爱而投入，因为发现而感动。你在和自然沟通的时候，也在和他人沟通。

写到这里，突然想起陶渊明的诗句，只能就此打住。诗曰："此中有真意，欲辩已忘言。"——但愿评论与画作、批评家与艺术家能在真意中沟通。

罗中立 雕像 53×39 布面油画 1995

罗中立 建筑 36×50 布面油画 1995

罗中立 斗牛 49.5×37.5 布面油画 1995

罗中立 海边的牛 32×41 纸板粉彩 1992

罗中立 船 32×41 纸板粉彩 1992

罗中立 上课 32×41 纸板粉彩 1992

罗中立 岸 40×49 布面油画 1995

姜立，1966年生于沈阳，中央美术学院油画系博士，导师靳尚谊。现为辽宁美术职业学院院长、教授，辽宁省政协常委，辽宁省美协理事。

观姜立作品有感

文/张祖英（中国油画学会副主席兼秘书长）

人类最原始的美术冲动是记录族群自身的生活。自从原始壁画产生之日起，人类就在力图真实地再现视觉世界，这是一种对于无情世界的有情挽留。

因而现实主义的深刻动因之一是记载，或震撼、或无奈、或图腾，本应转瞬即逝的一幕幕历史因画家的忠实记录得以长存于世。但这种再现与记载不是不假思索的复印，而是进行概括与增删，这一部分更能体现出画家的理性高度。

在如今制作化、符号化盛行的美术界，能像姜立这样用心将现实主义油画真诚而执着地坚持下去的，实属不易。观其画作便知，他仍保持着画家应有的忠诚态度与理性精神，用艺术语言积极思考、记录着社会发展的进程，记录着当下社会经历的一段段历史。这是画家难能可贵的深沉之思。

佛教讲求“眼耳鼻舌”之配合。若比之油画，则绚烂之作堪看，明丽之作可嗅，诱人之作当尝，而厚重之作则应用心聆听。姜立的油画可将观者带入心灵的世界。他的作品或嘈杂，或叹息，或成风雪之萧飒，或拟汽笛之长鸣，以其精湛的画技、悲天悯人的情怀，让观者聆听到画作的情绪。作品深处传来的大气磅礴之声，体现了他的美术功力。这是艺术作品不可多得的厚重之声。

以上二者配合出了一幅幅对艺术领域、对当下社会负责的画作，体现了一位画家的担当。

姜立作品的主题以记录社会民生为主，选材视角独特，表现手法写实。油画《过冬》展现了世界金融危机后我国大学生的求职现状。画作采用大俯视视角，仿佛要对社会进行纵深透视，四方连续的构图密不透风，预设了招聘会现场拥挤、闷热、嘈杂的环境。画中人物均身着色彩暗淡的冬装，拥挤于咫尺。焦急的眼神、紧张的身躯、闷热的空气，这个冬天的温度因生存焦虑而急剧上升。闪点透视的表现手法重点突出了几位不同层次的求职者形象。右上角年龄稍大者正忙着填写简历；中上部一个年龄稍轻的求职者眉头紧锁，正伸长脖子向前拥挤；角落处一个尚显稚嫩的学生无聊地等待面试机会；画作的下部一位柔弱的女生被推搡的人群挤在中间进退两难，一手梳理自己额前的头发，仿佛在思考下一步应该如何应对。场内唯一面露笑容的是一位招聘人员，他桌前厚厚的简历透露了他高兴的原因。画家用纯熟的艺术语言思考、关注民生话题，聚焦当代社会热点。画作中大学生对于未来生活的追求，还是对暂时找不到工作而困惑。立于画前，喧嚣之声充斥双耳，让人欲静不能。

而《考场内外》这幅油画则是画家对目前高考制度的思考，视角独特，寓意深刻。栅栏外，身份各异的家长因这一特殊的事件焦虑地拥挤于一处。所有的家长出奇一致的看着同一个方向，仿佛只有这个方向才是他们子女的辉煌的未来。骄阳之下、栏杆之外，贫与富、贵与贱、老与少均静默地等待，只听得见声声焦躁吵闹的车鸣……作品忠实反映了这种等待、期盼的情绪。画家的现实主义风格在这幅画作中显露无疑。

《晨曲》所描绘的是20世纪80年代阜新煤矿的独特场景。每天清晨，矿上的火车在开始一天的工作之前都会进行集体鸣笛，画家抓住了清晨鸣笛这一颇具仪式性质的一幕。画风质朴、凝重，所创造的形象严整、富有纪念性。鸣笛之时，火车浓浓的烟雾直冲云霄，久久在苍茫的天空缭绕，嘶鸣之声催人奋进。画家的敏锐将其永远定格在咫尺之间。当人们因年久而淡忘时，再次观看画作便立即会唤起对那段峥嵘岁月的记忆。

画家的品格决定了作品的境界，画家的情怀决定了作品的情怀，画家的美感决定了作品的美感。姜立的画作中浓重的色彩如厚重之槌敲击出理性的节奏，展现着一位画家对于历史与文化的思考。

二〇一〇年七月十一日

招生考试

姜立、陈新宇 考场内外 195×150 布面油画 2008

现实主义画作的艺术魅力

文 / 宋惠民（中国油画学会副主席 鲁迅美术学院名誉院长）

姜立 漂流瓶之二 80×100 布面油画 2007

最近看到油画家姜立的《考场内外》、《过冬》等作品，为画家努力表现当今现实生活的精神所感动。

现实主义画作往往来自于画家本身的社会责任感。石涛说，笔墨当随时代。因此，他对这个时代理解得更深，感受更强烈。面对这个时代，画家姜立却有自己的定位，他选择的不是回避，不是游离，而是直面大众生活，始终将画笔描绘现实社会，用色彩表现对百姓的冷暖。他不是将自己束诸画室，而是与社会同呼吸共发展，这样的现实性作品当然会有艺术感染力与心灵震撼力的。

姜立的作品总是能够反映现实性，他的画作真实地记载评析当代社会发展中的各个层面，尤其是反映教育领域中的发人深省的现实。他利用油画的语言，写实的手法，对当下的教育改革进行了深度的再现。《考场内外》就是传达了对社会热点的思考。中国目前的应试考试制度，有相对的合理性，但是一考定终身，牵动万人心，每个青年都经历过感受过。全社会一方面呼吁教育体制的改革，一方面又不得不遵循这种教育体制的弊端，姜立笔下的家长众生相把这种矛盾表现得淋漓尽致：坐着轮椅的老奶奶，目光迷离，单拳紧握，为在考场中考试的晚辈前途捏把汗，还有这位少妇，或是考生的姐姐或是考生的小姨，手把栏杆，目光中充满了理解与同情，下岗工人的爸爸则是怜苦的神态，他知道，要想改变下一代的命运，只有在这“华山一条路”；身为教师的父亲，他眺望的是自己的梦想，这个梦想自己没有完成只能让孩子来完成；最放松的是志得意满的“大款”，脖上的金链闪闪发光，全然一派无所谓的感觉，双掌合什的企盼，合悲带苦的微笑，充满艰辛的等待……一道栏杆，阻隔着多少应当放飞的梦想，又牵动多少人的心，作品叫“考场内外”，考场外是这样的，考场内的孩子们并没有在画面上出现，因此让人们联想到很多很多。好的作品是“无声胜有声”的，这让我想到白石老人的《十里蛙声听山泉》，言有尽而意无穷。

《过冬》也是一幅发人深思的作品。改革开放走到今天，很多深层次的问题显露出来，大学生就业难就是其中的一个。他们艰难求职的经历也让姜立用绘画语言，表现出对当下刚走出校门的年青人的担忧与同情。与《考场内外》不同的是，此画是采用大俯视的角度，人物动势多样，充分表现出求职市场人头攒动的感觉。在姜立的笔下，求职青年的神情是不一样的，焦灼的心态，求职的渴望，能从中体味到他们求职的艰难。

姜立的作品不是面对市场而创作的。创作态度是认真的。他的作品，题材的选取，视角的运用，都有独到的绘画语言。画家总是要在生活中寻找创作灵感的，能否在创作中作深层的思考，是决定一个画家艺术水准持续增高的重要环节。姜立的现实主义选择无疑具有广阔的艺术空间，他的油画有着光明的前景。用画笔捕捉心灵的震撼，表现生活的变化，是有价值的。

对艺术的执着与痴狂是画家成功的基点。姜立的艺术之路是兼顾创办美术学院与绘画。他从未因事业的忙碌而放弃画笔，并且几经琢磨乃至圭玉始成。画画是他的精神追求，办学又为他提供了新的创作营养与动力。

二〇一〇年七月八日

姜立、陈新宇 过冬 195×195 布面油画 2009

姜立 福音 100×100 布面油画 2008
姜立 晨曲 190×190 布面油画 2007

姜立 扎西德勒 195×150 布面油画 2007

姜立 俄罗斯女孩 10×100 布面油画 2008
姜立 俄罗斯老房子之二 100×100 2008

姜立 听涛 100×120 布面油画 2006

姜立 冬至之二 90×120 布面油画 2010
姜立 快乐 · 炫 150×100 布面油画 2009

姜立 漂流瓶之一
80×100 布面油画 2007

姜立 俄罗斯老房子之一
100×100 布面油画 2008

谁将成为未来市场的心宠-8

朱乃正 初夏 125×87 布面油画 1986

朱乃正

[市场数据]
目前上拍件数：40件
目前成交比率：70%
目前总成交额：1580万
目前均价：5万/尺
单件最高拍价：341万
最高纪录作品：《齐白石像》
上拍机构：北京瀚海
上拍时间：2005.12.11

[凤池观察]
朱乃老是对古人既成之法的传承而给予了自我的成分，是对西法的承认、否定，否定、承认的往往复复中凝练出中国本土艺术关怀的本领，其风貌的渐成而老，绝非简单意义上的笔触意识，深入疆藏，深入民层，深入自然，深入人心，一转身就20个年头，细细算来，与当年的苏武去到匈奴牧羊差不多是同样长的时日，不知是天意，也不知是历史轮回的暗合，这跨越两千年时空的两个人，让世人记住了羊的同时也记住了人，记住了人的同时也记住了精神，一种精神化作了民族的尊严，一种精神造就了一代的丹青圣手。在想想当年的“三驾马车”，真让人欣喜，靳老愈老愈“透”，詹老愈老愈“达”，朱老愈老愈“逸”，都在精进中前进。

[画人妙语]
谈油画 余本属南人北迁，身上虽留南人气质，却喜高旷放远之境。青藏高原雄浑莽宕，气象超拔，藏、汉、蒙、回、土诸多民族千百年来聚居此地，民风古朴，竟与余心性暗合。初至青海，正值生活艰苦时期，犹携带画具，重负行囊，遍历青海诸州县，领略西海风物粗犷真朴之情感，并从中寻觅自己之绘画语言。20世纪60年代初期，作油画《雪原风情》、藏族史诗《格萨尔》插图组画、油画《五月星光下》《金色季节》等等，此乃余在高原耕耘初结之果。60年代中后期作画意兴益浓。通过《银色的梦》组画的创作，渐由写境而入造境之途。1980年，余由青海调至京华，回母校中央美术学院执教。虽已告别青海，西部风物仍是魂牵梦绕；虽曾饱览神州山川，但此心犹属高原，自入京创作第一幅《青海长云》起，接而有《春风》《临看》《归巢》《国魂—屈原颂》……似更有一番新境界。近年来，油画《西部风》系列，渐次面世，作品对西部高原大自然作更概括之表现，意在抒发对自然与人生之综合感受，实以画笔造我之艺境也。

谈书法 余少年时便喜临池，虽仅守颜鲁公一家，但与书道结下不解之缘。1959年分配至青海工作后，杂务之余，仍潜心研习。赖随身所带数册《三希堂法帖》与几本《米南宫散帖》，遂从米芾及苏东坡、黄庭坚等宋代名家入手，面壁临池。其时生活艰苦，居住陋狭，长夜孤灯，常常废寝忘食，兴酣至午夜而纸罄墨尽，疲惫大汗，和衣而眠。稍后又幸得《宝晋斋》三大集，由此上溯晋唐，下至明清，渐悟书道之要，运笔之理，点画使转之意。

八宜轩记 京西隅有紫竹院焉。纳百竹之盛，邻市处静。院有一岛，上筑敞轩，卷棚歇山。翠筱环簇，幽径可通，南临莲池，碧叶接天。轩前东侧，剑石突兀，与亭亭秀篁扶持相伴。轩名八宜。盖四时八节、风霜雨雪、少长友贤、诗书画印咸宜也。风拂，则婆娑起舞，发天籁和爽之音；霜染，则绫翼轻掩，生薄雾飘逸之态；雨淋，则绿黛润透，得清丽超尘之致；雪拥，则银雕玉砌，有高洁绝世之韵。故院主于轩内外雅设楹联刻石。以吟、以颂、以写、以铭。况复晨昏寒暑，阴晴圆缺，凭轩徘徊之际，当应目会心而自入佳境也。八方君子，盍兴乎来。

“具象”与“抽象”之价值 从某种意义上看，抽象艺术对个人情绪感受的表达更胜于对人物由心理至表象的具体刻画。这里所指的情绪感受，就是体现人内在而无形态可视的思维、意念、情感，正因为抽象艺术运用的是这种情绪化的非具象语言，所以就更有可能把握个性化的独立语言符号，达到表述其心绪、感情的准确度和个人潜隐感情渲发后的圆满，而思想、意念的运转，感情的演示，恰又是人的一种生命状态，当然必属人的生命价值的一部分。如此考量，抽象艺术发生发展的必然根由便十分清楚，在人类艺术的创造活动中，抽象艺术的价值无疑是应被肯定的。同样，以写实表现手法为主体的具象艺术，由于它来源于可观可视形象的可被公众普遍认定的特性，将会永远存在。尤其人对于现实世界中有生命的“物”的依恋，及对生命可视形象的关注，是人类千变万化的感情发生的驱动力。例如一棵春天阳光的小树，每一片嫩叶就有各自的姿态，在光线透射下，丰富的明暗变化与色彩的微妙节奏所组成的韵致，引起人对生命的丰富遐想，从而引出种种不同的感受。何况这棵小树在盛夏、深秋、严冬四季自然造化的更迭中又能折射出人本身在时空变化中的无穷代谢。而通过具象艺术语言体现自然景物的变化，实际上是从客观“物”的盛衰更新的现象中，找出蓬勃动人的盎然生机，这是生命本身的力量，也是直接体现了人自己的生命价值。至于作为万物之灵的“人”，经历过动荡的社会与自然环境的变化，更影响了人的思想，乃至活生生地造就了各个人物身上的内部性格、气质和印刻在外部的整个身躯的形态。可以说人类本身组成了世界上最为丰富的视觉艺术源泉。当然也是艺术品所要表现得最为重要的内容。而对其精神内涵的提炼与表达，就是产生艺术魅力或我们称之为力作的重要因素。

境由心造 难忘的回忆，大多是人的一种特殊之经历。其中有些是和社会、人事有关，有些则与大自然的景观分不开。作为一个画人，我曾有际遇长期生活在西北高原，所以每当孤静中沉思回顾往昔时，就会浮现许多许多令我终生难再得一系列情景。有时，天地间仅我身一己，唯孤影相随。那是中华民族的摇篮——黄河上游，是江河之源，是五千年灿烂文化的发祥地。放眼看去，常常是一片起伏连绵不断的大漠荒野，一直延伸到天际的天边与苍穹相接，而上空澄澈如洗。那时，你会感到宁静中一切都呈现出单纯而博大、坦荡壮美、清净舒展、赤裸无隐的原始魅力。你和大自然都是默默无言的孤独者，互相却在进行无声的交流对话。渐渐你会发现大自然有一种难以捉摸的生命在搏动，能谛听到她的呼吸，她的韵律与节奏……你和大自然开始相拥融合，灵魂得

朱乃正 寂 50×50 布面油画 2006（第二届小幅油画展评委作品）

朱乃正 红衣女 85×80 布面油画 2006
朱乃正 神秘岛 100×100 布面油画 2008
朱乃正 知识分子下农村 115×50 2006

到洗涤，愁绪得到慰抚。时而，远处有一缕轻烟徐徐直上霄空，升入浩杳的云天。在这冷峻寂寥之乾坤大界中，曾引起多少百代过客与游子之感慨与咏叹。唐朝伟大诗人王维“大漠孤烟直，长河落日圆”的不朽名句，顿从意念中闪出，犹如一道惊天地般的光亮。此刻，你自身似乎于瞬间中过溯到千百年前的先古，而漫漫浩荡的岁月长河霎时凝缩，变为立即相会的通道，互为知音——共享着对大自然倾注的亙久深恋之情，我即为画家，立此大开大合之境，情怀骤放，若再赖用简单的光、形、色、点、线的写生，已全然不足，而亟欲表现其内在生命之精神高境，以赋诗人绝唱之灵魂。然而却无从下笔，为束手无策而愧苦不已。此后，事过境迁，仍良久萦牵于心头。

[专家说法]

油画家朱乃正挥起水墨来，这是探索者的寻常工作，是中国画家最易发现的中、西方艺术间的通途。朱乃正的油画浑厚质朴，含蕴着敏感。他的水墨画也一样，竭力融情致于混沌的墨色宇宙中。(吴冠中)

朱乃正的人像素描，造型质朴、单纯、严谨、生动有力，具有浮雕般的结实感，耐人寻味；线描人像，则精微优美，别具风格。这些作品，不只是准确而又概括地表现出人物的形体姿态，而且对人物的性格特征和精神风貌的刻画，也很有独到之处，从而达到了形神兼备的艺术境界。(江丰)

朱乃正治艺也是小大由之，几十年下来，他独多“小的是美好的”的体会，形成了自家特有的一种创作特色，往往如寸璧片玉，让审美感兴收得住，才能从容含玩。(钟涵)

景波静观乃正这批“蓦然回首”之作，颇受启发，直觉是一种感人的天趣，显现得更为平淡而自然。苏东坡论诗云：“渐老渐熟乃作平淡”那种平淡，是需要有些阅尽天下雄奇、瑰丽、繁富经历之后，才能悟得的一种审美境界，是一种揭取物表而得之深蕴内涵的眼光。此间三四十幅小画，没有兢胜技巧的矫情弄色；没有玩怪作奇的造作张扬；没有刻意表现“个性风采”的轻狂浮躁；但见画心与自然，在物我间感应交流，画笔随着心绪，追索着回忆中的足迹，腕底烟霞变幻，画中日升月落，若乃得天机造化之境，如在随手之中，出气韵生动之篇，似若随意之间——“何悔乎少作”我说：“若乃正不到今日？不经几十年历练？哪里得到如此气象，如此境地！”乃正喜作油画写生，多为小幅，备有一微型小画箱，外出必携，犹如军人爱佩短枪者，出手特方便。小幅写生，便于把握景色之瞬间变化，便于简捷地录下即时感受。是乃正习以为常的一种习惯，每每逸兴初发，下笔快疾、如风雨骤至，漫幅落笔，细大兼顾，点睛妙要之处绝不疏于罢笔之前。所以，画虽小，得境界不小，时间虽短，而得风物之所长，正所谓，“笔下咫尺，千里一收；画中方寸，万象殊显也。虚实空间，一如大象恢恢。凭随观者驰目神游，小中更见丰满。是乃正之小画，有过人之处：老子曰：“治大国者，若烹小鲜”乎！良言有似矣！(孙景波)

朱乃正出生于江南，学成于京华，又经过青海二十多年的砥砺磨炼。钟灵毓秀与豪放朴厚对立统一奇妙融和，造就出独一无二的朱乃正。是青海的高天厚土，大山大水，给乃正这位江南才俊展现出高旷、雄浑、苍莽无垠之境界；是青海相对木讷朴拙的民风，给乃正这位美院高足以粗犷、质朴、真诚而豪放的感受；是青海悠久深远的昆仑文化，给乃正这位学兼中西的智者提供了发酵酿造融会贯通的学识底蕴。是青海，以她博大的胸怀，接纳、拥抱了一位受伤的赤子，奉献出一位成熟的艺术大家。青海之于乃正，犹如新疆之于王蒙。可以说，没有新疆二十年，就没有今日之文坛大家王蒙；没有青海二十年，就没有今日之“画坛鬼手、美术通才”朱乃正。

[部分成交记录]

齐白石像	180×180	3410000	北京翰海
银铺黄土坡	180×180	1540000	北京保利
神秘岛	100×100	1512000	北京翰海
藏族青年	55×40	985600	北京翰海
红衣女	85×80	660000	北京保利
神秘的青海湖	60×140	660000	北京保利
大风歌	92×110	448000	北京保利
西风·高原魂	80×80	425600	北京翰海
知识分子下农村	115×50	330000	江苏总行
春风拂起	120×120	330000	上海工美
辉	70×90	172040	长风拍卖

郭北平

[市场数据]

目前上拍件数：58件

目前成交比率：75%

目前总成交额：2222万

目前均价：5万/尺

单件最高拍价：869万

最高纪录作品：《林则徐视察澳门》

上拍机构：北京荣宝

上拍时间：2007.6.10

[凤池观察]

不管是米脂的婆姨，还是绥德的汉，不管是满腹经纶的学者大家，还是美丽温婉的小资女孩，北平先生总能挖掘到他们的内心深处去，这不是一般的画家们能做得到的，尽管大家都知道。

[画人妙语]

借他山之石 人类文明史上出现过许多像达•芬奇、米开朗基罗、卢梭那样的横跨多学科的文化巨匠，在中国历史上也不乏文史、书画、琴棋数才并绝的通才大家。他们或集科学、艺术、建筑等成就于一身，或兼有哲学、文学、音乐、戏剧等著述传于世。曹雪芹写《红楼梦》人文知识所及：释道儒理、诗词曲赋、丹青医厨等无所不精，使人有读不尽之感；历史名著《三国演义》除文学价值外，它还是一部集兵法谋略和战争哲学的智慧全书。王维以诗、画、禅三位一体的互射，创立了南宗文人画；吴昌硕以书、篆入画，三十岁学画不嫌迟，能开一代先河。中国近代有许多有建树的大学者，像王船山、王国维、李叔同、丰子恺、郭沫若、苏曼殊等人，大都是学贯中西，多才多艺的“杂家”和通识之才。从现象上看，这种博学兼通，常被人归结为才智过人和精力过人的天赋。但从人文化的内层结构看，这种“分散”和博识也是集中和超越的前提，是一种借他山之石，融合互补而厚积薄发的金字塔，底座越宽，塔顶也越高。人类文化的超越和创造机制的触发点，常在毗邻学科的交叉处，有些甚至是在似乎毫不相干的学科融撞中实现的。

成名学猜想 历来文人多有“轶事”，或“痴”或“颠’’或形迹怪异者，盖其易于流传，今人称之为“新闻效应”。蓄长发今已不奇，有心剃光头者，过目不忘。或可在展厅中闭目合十打坐三日，则消息不胫而走，瞬息越界。今日世风兴“火爆”，故有“天下第一巨笔者”或“国际某王”之类。西安“2004什么艺术展”，在艺博展厅突放烟雾，人群骚乱，撤离间，有消防车向人群喷水，消防员口唱脏话“×你妈”！其理、其旨及其“体系”吾不甚了然。但有几点明白：一者属“创举”；二者无“标准”；三者有“轰动效应”；四有“新闻性”可传播，如机遇合适，还可能成为画坛“热点”。以上几条，或可以作为吾辈“成名学猜想”的部分注脚。

标题效应 早年，吴甲丰著文说小山《中国画已经到了穷途末日》一文，颇有见地：妙在题目邪乎。要李小山题文相符，则应改其名如《中国文人画的历史使命已经完成》之类。如此办理，何谈“轰动”。靠题目先声夺人，我们且称之为“标题效应”，有些似街头小报。有文章说：“置一跳蚤于掌心，呼之曰‘跳’、乃跳。复断其后肢，再呼，则蚤木然。结论：如折断跳蚤的后腿，它就会变成聋子，或简曰‘断肢则聋’”。出语惊人，与前者同工。

物理学家与画家 “前卫艺术”与毕加索有心灵感应者，尚能把东方艺术与之接上茬；至于把活人挂到墙上的“后现代”，无可奈何者甚众。记得某著名物理学家与某现代派画家谈话说：“我们所干的事情不同，我们科学家把别人原来不懂的东西弄懂给人看，你们艺术家把别人原来懂的东西弄得让人不懂给人看”。偶见某旅美画家文，讥笑国内评论界所介绍的某现代派，在国外早已老掉牙，不禁心里犯怵。最新浪潮又过，国内才兴“双排扣”，不出国还能否画画?席间毕竟有智者，他告我说：彼国艺术外延正与“基尼斯”接壤，创造即价值，何惶何惑?尔能干啥就干点啥足矣。遂心悦诚服。

打翻墨汁 有人求画于友人，不慎打翻墨汁于纸，索性加水化之。不想湿纸一叠，摊开足四、五张，图形大致相仿，颇生动。友

郭北平 林则徐视察澳门 300×600 2007
郭北平 丹青无言 164×164 2009
郭北平 室内风景之三 162×130 2007
郭北平 仁者 130×96 2010

郭北平 角落里的老人 100×83 布面油画 1994

称无妨游戏之，遂画。但见添一叶扁舟者，原图形则如见苍茫山色；另见添数尾小虾者，则原图形若荷叶盖顶，不一而足。余事油画，求形色、结构、筋骨，对彼小技不以为然。细思量，原图混沌无像而暗转者，缘舟、缘虾之暗示。夫画所“造境”者，不正是以舟、虾为契机，在漠漠中指点迷津，发人联想而成就心目中的美好吗?作画者于“难得糊涂”的至虚处，遍寻夜泊中隐隐渔火者，如诗寻“眼”。德加说：“一张画，来一点含混、来一点荒唐，这才妙。”其实，妙也在舟、也在虾。有疏导则思畅达。

吾取一瓢饮 有朋友自国外来，关心我，批评我阵线太长。中国画、西洋画、结构派、光影派，又偏爱勃纳尔，终将一事无成。比跳高、比跳远又比篮球，问你有几多精力硬要开“杂货铺”。倒不如敛散兵，独钟一物一题材一样式，反复琢磨而独得孤诣。有类于中国人十年磨一剑之说甚是精辟。怎奈我每每欲实行之却常感与己性相远。圈定个范围作画，大批量重复自己像开专卖店。轻则心绪全无，重则每感窒息，则不禁自问：你作画到底是为了谁？画画本好事，能得一自珍的作品必心达气畅，如别人也喜欢则更觉舒心。况绘画的媒体本身已够我着迷，如宇宙四时，如星移斗转变幻莫测，笔下各种“可能性”足够我尽情地怡情畅神。凭谁问没有思想又何以能驾驭画笔？说胸无大志未必，说不问功名也未必。由于疏懒未曾为之辗转反侧倒是事实。只是世界之大个人之渺小常使我茫然而知不足。人有百性，花有百美，画亦有百工，各得其美常使我徘徊不定。所谓熔各家于一炉者只是神话。艺海经纬错综复杂，坐标系只有选择。连情与理成一直线，连主体与客体成一直线，连写真与抽象、连东方与西方等等亦然。线上各点的最终选择只是个时间的问题。所谓“弱水三千，吾取一瓢而饮之”。聪明人会较快自我定位而立地成佛也，即知天命。有人则不然，长时期不知足会使他飘忽不定如游魂野鬼。兴趣广泛或终于归宿而老死他乡，或厚积而薄发终有独步而未可知。世间可遇不可求之事物良多，听其自然一路走下去即是。虽不敢言登楼撤梯之志，然作画时“唯画首是瞻”。或许今天和明天各异，或许这次和那次违同，由着自己的性子，凭着自己的直觉和爱好作每一幅画，大排急功近利之痛苦，这种操守还是该有的，只要不画地为牢就行。

[专家说法]

在当代中国油画界，郭北平是一位具有独特艺术风貌的艺术家。他的独特，不是指他具有一种固定的画风而令人易于识别，而是指他能在中西两种文化中自由出入，并且熟练

地掌握了具有很高难度的西方油画艺术语言，同时又很好地表现了我们这个时代的人物的心灵。一位在西方颇有影响的评论家克里斯•索伯这样评价郭北平：“有些中国画家在忠实于‘重神似而不重形似’的传统的同时，已经掌握了西方人物画的风格。”他将此归功于当地的历史文化遗产对郭北平的艺术作品产生了强烈的影响。确实，郭北平的油画体现了内在质量与价值理想都不尽相同的东西方文化的教育与熏陶，他的画风不拘一格，在操纵色彩和人体线条方面尤其熟练与巧妙。在他的作品中，人物形象鲜活生动，呼之欲出，富有神采和魅力，既有西北黄土地的纯朴与豪放，也有西方古典油画中的充满人性关怀与柔情的细腻表现。(百度百科)

画，不是说他画得跟别人不同，就是有个性，就是好。还要画得有质量，有艺术水平。我觉得郭北平在这方面做了很多的努力，我觉得他的画很有水平。他的画讲究韵味，讲究境界。在中国写实油画里面，他特别强调一种整体的气氛，一种艺术的氛围，这是他主要的一个艺术特点。另外他的画，我觉得功力很深。现在大家都讲意象油画，把中国画写意的手法和创作方法，应用到油画里面，这当然是很好的。但是意象油画也好，写意油画也好，还要有坚实的油画的功力，油画的基础，油画的色彩，油画的造型，油画的肌理效果，这方面我觉得郭北平做得非常好!他在写实的过程中，比较注重写意，他善于借鉴中国传统艺术的元素，既把中国画的经验应用在油画里面，同时又保持了油画的特质。油画的特质就是它有它的造型，有它的色彩，有它的肌理效果。郭北平的画很有诗意。(邵大箴)

在形体塑造上，郭北平特别“结实”。看到他的画，会让人联想到雕塑，不是泥塑，而是大理石，或是用砍刀砍出来的那一块块的感觉。我认为郭北平正是抓住了油画最原始的、最基本的艺术特点。与中国画最接近的是书法，与油画最接近的是雕塑。雕塑注重它的形体、质量和氛围。这在郭北平教授的画作中都表现得比较充分。他笔下的陕北老人、《王子云》、《石鲁》、《赵望云》等自不必多说，他画的那些青年女性，不但表现得非常美妙，有青春的活力、生命力，而且还可以看出她们的形体、色彩，感受到她们的重量……这点郭北平表现得非常好，而很多油画家达不到这个水平，或者说不关注这些。而在中国当代油画领域，郭北平最具有其独特性和独特价值的，还是我刚才所说的这些表现西北文化，透露着一些沉重的、沧桑感的肖像。另外他画充满青春活力的少女，以及人体，也都非常见到他的功力，同样是最值得我们关注、最值得我们研究的作品。(水天中)

当代中国油画界，郭北平是一位具有独特

郭北平 遗城 97×130 布面油画 1994

郭北平 室内二重奏 142×130 布面油画 2008
郭北平 弘一大师 150×120 布面油画 2006

郭北平 文怀沙 162×130 布面油画 2007

艺术风貌的艺术家。能在中西两种文化中自由出入，并且熟练地掌握了具有很高难度的西方油画艺术语言，同时又很好地表现了我们这个时代人物的心灵。郭北平是当代中国油画家中深得西方油画内在精髓的画家之一，以他极具写意精神的油画接近了这个东方美学的理想，并使我们在欣赏他的油画作品的过程中，获得了一种神超物外，远离功名的亲切从容的心境。（殷双喜）

郭北平可以说是西安或者说是西北、长安油画写实绘画的代表人物。他的作品中有很多很浓郁的西北写实油画的特色。他通过写实的语言技巧，为我们留下了一些文化人的形象，以及他最熟悉的陕北农民的形象。这些陕北农民的形象，应该说在油画的画卷中，在油画史中，没有这么充分地、典型地出现过。（尚辉）

审美有很多种。我们讲真同善可能是有矛盾的。真，是基本功，是写实，是素描基本功;善，则是对社会的责任，要引导怎么认识这个真，这个真，可以导致如何的一个社会后果?但艺术家不去考虑，艺术家不是哲学家，也不是政治家，他按照自己的个性，社会的需要去创作。有时候是可以靠拢的，有时候就是唱对台戏。在这个意义上讲，我觉得郭北平是很杰出的。作为实力派画家，他的作品首先表现在不是阿谀时代的，但也不是跟时代唱对调或反调的，而是有利于社会和谐。郭北平是一个诚实的艺术家，这是他作品的基调;同是他又是一个具有想象力的艺术家。以诚实为基础，想象力构成了他的艺术翅膀。作为时代之子，他有时代的颜色，在西北住得久了，他的写实作品在捕捉人物的时候，无论自觉不自觉，都具有西北的味道。这也和他的个性有关系。郭北平外表看起来比较柔和，其实是一个很倔强的画家。郭北平教授的作品很有深度，有很深的层次，他是我很喜欢的一个画家。（文怀沙）

郭北平是个大才子。在古都西安的文化圈是无人不晓也无人不服。提起郭北平，有人说他天资超迈、酒色才气、多才多艺；有人说他学者气质、融汇中西、博学有专，而在全国的影响主要是高水准有特色的油画家。他在西安美院更是最受学生欢迎，听其一席话胜读十年书的名教授、博士生导师和专家型的领导者。郭北平是个既尖锐又宽厚的好人，他能够在最短的时间里发现问题，及时提醒大家，但在具体处理各种关系中又不强人所难，因此在教学中，在专家探讨中，在与行内行外的交往中均能赢得大家的一致好评。他宽厚而大气的做派与敏锐的洞察，浪漫自由的情怀，真诚实干的品质，显得木讷的外表和酒后神采飞扬的歌吟，以及凝神静气快速放笔直取的创作状态……以至海阔天空的谈论。这就是天才的、严肃的、博学的、实干的、宽厚的受朋友和学生欢迎的郭北平。（杨晓阳）

中国的艺术品市场中，因中国油画适应了新时代艺术收藏家多元化新的收藏要求，大量新买家不断融入油画市场。在经过一两年的预热、升温，终于在2004年秋季拍卖会中爆发，行情一路飙升，成交额激剧增长，个人纪录不断翻新。中国油画学会理事、西安美术学院副院长、郭北平教授是其中重要代表。翻开近两年来全国各著名拍卖公司的图录，几乎都可以看到他的名字，而且取得了很好的业绩。艺术品的收藏投资选择，理当把艺术质量放到首位。郭北平教授的作品曾入选第六、七、八、九、十届全国美展，第一、二、三届全国油画展等全国美展二十余次，七次获国家级奖项（一金二银四铜）。他的步履坚实的创作之路使他赢得了收藏界的青睐，显示了很高的收藏价值。（柯小武）

[部分成交记录]

林则徐视察澳门	300×600	8690000	北京荣宝
室内风景之三	162×130	1120000	北京翰海
弘一大师	150×120	638000	中国嘉德
庭院深深	162×130	616000	浙江皓翰
沉醉	162×130	598000	长风拍卖
暖冬	162×130	580000	际华春秋
仁者	130×96	548800	浙江骏成
安西随想	97×130	537600	中贸圣佳
淡紫色的二重奏	142×130	528000	北京嘉信
丹青无言	164×164	481600	陕西诚挚
文怀沙	162×130	440000	北京翰海
室内二重奏	142×130	420000	际华春秋
朝圣者	130×98	418000	上海泓盛
断城梦	97×130	352000	朵云轩

陈衍宁

[市场数据]

目前上拍件数：151件

目前成交比率：75%

目前总成交额：11000万

目前均价：10万/尺

单件最高拍价：1012万

最高纪录作品：《毛主席视察广东农村》

上拍机构：中国嘉德

上拍时间：2005.11.4

[凤池观察]

同志们对陈衍宁的画，不仅仅就为了欣赏他高超的技法和唯美的意境，还对中国本土画家第一个单幅冲破千万的骄绩，兴趣盎然，细细想想，也已经5年的时间了，今天的千万虽说更多了，但我们应该有数，万千个从油画中赚了大钱的，多少都被那个第一个千万所默默暗示，默默增添了坚定的信念。

[画人妙语]

有位气功专家说他的武功用“意”取人，与美术很有共同之处。功夫倒可用“意”画画，自然便有气势，这本来就不玄虚。我觉得美术本身是给人看的，不是给人听的，靠讲不成，要靠形象说话。不要把它说得太神，否则贻误初学者。不要否认其有“手艺”之一面，拳不离手，曲不离口，画画亦然。但也不要否认美术理论的科学性，应该科学性地发现规律总结规律从而发展它。

绘画过多表现文学性则容易不感人，这是思维方法的问题。过去受情节性绘画影响较深，情节性绘画有可取之处，但不是唯一的。从小养成凡构图必须表现一个文学性主题，画面包罗甚丰，某种造型因素必代表某种思想，如空间的深远表示理想等往往容易夸大了美术的艺术容量；而马蒂斯所说赏画要达到的“安乐椅作用”又是另一极端。因此我觉得必须正视美术这个艺术种类的艺术容量。美术是用视觉形象感染人、教育人，任何扩大或缩小美术的艺术容量都是不适合的。

[专家说法]

陈衍宁出色的画作就是这种融合的杰出典范。他的作品不管其题材是取自于他的故乡中国还是他目前侨居的西方，都拓现出一片真正超出文化疆界的跨越空间的视野。他的作品在欧美已受到热烈欢迎。在那里，他作为一名画室艺术家和我们这个时代最为成功的肖像画家之一而享有盛名。他出国以后不断获得的成就，其意义已远远超出在大洋两岸架设一座美术之桥。他在各地举办画展，作品广为重要的公众和私人收藏，他荣获不少奖项——这一切已使他稳稳立足于国际美术界。现在，陈的画作不单在其故乡中国，而且在香港、新加坡、澳大利亚、日本、巴西、前苏联、前南斯拉夫、法国、加拿大、英国和美国，都颇为知名且备受赞誉。(丹尼斯.韦曼)

陈衍宁的名字早在20世纪七十年代就为中国画界所熟知。他的作品不断在全国美展上出现，而在1974年的全国美展上，他的油画作品《渔港新医》则得到画界的普遍好评。那时，人们已经注意到，陈衍宁是位多面手，他主攻油画，也画水墨和连环画。他有很全面的写实造型能力，也有一双观察敏锐而细致的眼睛，他善于在平凡的食物中发现美。他有纯真的心灵和精湛的构思能力，能巧妙地将生活现象提炼为感人的艺术形象。我认为《渔港新医》是他的成名之作。这幅在中国油画界有影响的作品，后来被中国美术家协会作为展品之一送往法国春季沙龙展出，也受到法国画界的注意。四十年代出生的陈衍宁，作为当代中国第四代画家的代表人物之一，在七十年代中期崛起，成为这一代艺术家中的佼佼者。时代赋予这一代画家的使命，是继续完善中国写实油画艺术，把西方古典油画语言的精神和技巧全面地吸收过来，使之在中国的土壤上茁壮成长。因为二十世纪中国经历了太多的战争和苦难，一代代艺术家的理想遭到无情的挫折和毁灭。以徐悲鸿、林风眠为代表的第一代人因没有实现创作油画的鸿篇巨制而抱憾终生；以董希文、王式廓为代表的第二代油画家的艺术才智也没有得到充分的发挥，第三代油画家丧失了最可贵的十年，在文革之后他们意气风发地急起直追，但已有创作精力和革新锐气开始消灭之迹象。时代呼唤第四代和第五代人的出现。陈衍宁、陈逸飞、陈丹青、程丛林、罗中立等一代新人应运而出，为中国油画界增添了无限生机。(邵大箴)

人们在他的画作中感受到一种潜在的诗情画意。那藏在气质里、含在品味中、映在意像间的东方神韵，显然来自他中国传统的艺术修养……他的肖像画作，弥漫着一种炫目的光感，表现出真诚的力量，或折射出对象最为吸引人的理想化的一面……陈衍宁最善于在平凡的题材中表现他高超的技巧和敏锐的观察力……身在异乡功成名就，陈衍宁对故国的怀念更加难以割舍。他的不少作品，画他记忆中的人物和事物，表现出浓厚的中国文化情结，充满怀旧情怀。其笔下的南方女子，恬静温婉，蕴含着幽雅、清丽、纯真的东方韵味。(《新现代画报》)

陈衍宁的艺术真正跨越了文化与历史，蕴含着一种宇宙的和永恒的信息。他从未接受过在他青年时代一度风行的无个性抽象派艺术的诱惑，一直坚持其民族传统中的人文主义价值观。今天，写实主义已为美术界重新接受，并在众多方面向美术爱好者再现其恒久的魅力。陈的写实既不属于菲利普·帕尔斯坦的粗糙冷峻的具象派，也不属于理查·埃斯蒂这类时髦画家的机械照相写实派。他的写实，带着一种敏感，一种对于表现浪漫主义世界观特征的敏感。而他对光与透视的无懈可击的处理，他那具有震撼力与想象力的构图，以及他对所绘客体神韵的洞悉力，都在告示人们：这是一种坚实完美的审美结合，一个跨越空间的视界。

[部分成交记录]

毛主席视察广东农村	172.5×294.5	10120000	中国嘉德
大红灯笼	157×159	6270000	中鼎国际
红状	163×126	3500000	中鼎国际
春宵	127×122	3300000	北京华辰
牛气冲天	110×90	2640000	北京九歌
新蕾	164×123	2640000	中鼎国际
起义者	179.5×109	2420000	北京华辰
静待(檀香扇系列)	147×81	2420000	广州银通
和弦	122×173	2420000	际华春秋
新梦初觉	127×122	2310000	广州嘉德
仲夏夜的微风	122×71×3	2200000	北京保利
昨夜无风	127×147.5	2200000	北京华辰

陈衍宁 仲夏夜里的微风之二 122×71 布面油画 2005

杨飞云 镶金边的云 110×130 布面油画 2006

杨飞云 红色的张力 167×130 布面油画 2007
杨飞云 那时我们正年轻 125×115 2006

杨飞云 祈祷和平 185×115 布面油画 2008

杨飞云

[市场数据]

目前上拍件数：280件
目前成交比率：70%
目前总成交额：21500万
目前均价：25万/尺
单件最高拍价：660万
最高纪录作品：《女儿榻》
上拍机构：中国嘉德
上拍时间：2010.5.15

[凤池观察]

画家也好，藏家也好，老板也好，雇员也好，开车的也好，坐车的也好，当官的也好，做生意的也好，什么都好，现在是什么情况，无论是早期还是后来，只要踏进艺术市场的人，几乎没有人不谈到杨飞云的，每年的五六月和十一、二月最甚。

[画人妙语]

看 绘画是视觉艺术，取决于观察方式与观看的角度。你看重什么，不看重什么，怎么看，从哪方面看，看的方法，看的程度，别人怎么看，历史怎么看，你怎么看，能不能深入地看，不浮浅的看，这是至关重要的。能看到传统中的伟大，看出自己要吸取的那个点，看到事物的本质，看到存在于事物中的那些神圣的品质；看出色彩关系，看到造型力度，看出绘画中的韵律和哲理，看到画面前后的那个内涵；看得真诚，看到质材的意义；激动地去看，理智地去看，看出画意，看到存在着的形式，看透决定形式的内涵；看到虚假的可憎，看到表相的浮浅，看到堕落灵魂的无助；看出信心，看到光明，看到希望，看到走向希望的道路，看到实现目标的方法；看到自己的渺小，看到自我的局限，看到自我的价值，看到自我的尊严，一切都是来自于你怎么看。而这个看似表征的视觉观看方式，却是来自你思考以后的理解，体验以后的选择。真正的价值是看你理解的是否正确，选择的是否符合真理。这个看是否诚实的发端于你的心灵。

境界 绘画贵在深入，不深入就无法有力度。所谓“尽精微，至广大”就是这个道理。深入不是细致周到的刻画，深入是深刻的体现，是进一步在主次秩序、色彩关系、形状比例及节奏韵律上的完善和谐所达到的妙境。深入是更纯粹的接近你要的那个境界。就象音乐家作曲一样，深入决不是增加更多的音符让曲子变得复杂冗长，深入是追求和谐、准确、有力的节奏所造成的那个高级境界。

感动与感染 今天，艺术受到了人为经济的左右与美国式的激进影响，特别是当经济和艺术中的泡沫与投机被危机蒸发以后，与背离真、善、美的核心价值判断时，艺术家成为制造怪异、偏执、低俗、荒诞、以丑为乐的另类人群。古今好的艺术家都是追求崇高的信念、具有健康审美品格的灵魂工作者，一个人若失去了主见就会被风向左右，一个民族若缺失了核心精神就会混乱与低迷，艺术活动若离开了根本的追求就会变的像发放烟花一样频繁而无效，似基因变异一样令人无法判定是艺术活动还是打着艺术的名义。事实证明：不真的东西不能感人，不善的东西没有价值，不升华到美的东西就不是艺术。美是一种心灵的愉悦与精神的升华，是修养中的修养，在艺术创作中没有感动的美是苍白的，没有美的感动是低俗的。“寻源问道”油画研究展的推出是有现实的文化针对性的，我们试图通过这些作品来表达一种诉求：油画艺术只有在继承传统的前提下，才有创新的可能。没有继承的创新是浅的，没有创新的继承是死的。只有在掌握绘画本质规律的前提下才有表现的水平；只有建立高标准的价值取向才有发展的可能；只有热爱生命、关注现实、贴近自然，才能远离苍白与概念；只有出自艺术家心灵的感动才能真正地感染人。

[专家说法]

诚实，是杨飞云艺术突出的品格。人间一切事物，包括做人和做艺术，最重要的是真诚，不可半点虚假。杨飞云待人是真诚的，他的画风是诚实的。他画他自己看到的、欣赏的和理解的东西。也许有人会批评他的油画局限于肖像式的人物，题材和素材比较窄。这种批评不无道理。但是从另一角度看，他在分析了自己的长处和短处之后，决定在一个"狭小"的领域里施展自己的才能，这本身就是诚实的一种表现，就要有足够的勇气。其实杨飞云笔下人物肖像的思想和艺术容量却不小，与其说它们是客观对象的写照，毋宁说在里面表现的是他对人生、对艺术的思考。沉稳，是杨飞云绘画创作的另一品格。西方古典写实艺术给人类的贡献许多许多，其中重要的一点是其中体现的沉稳精神。艺术创造要致广大，致精微——前提是创造的主体——艺术家必须要有沉稳的心态，不得有半点浮躁。飞云是个沉得住气的艺术家，他的整个创作过程从酝酿构思到制作画面，都有缜密的思考，心情沉静而平实。之所以如此，可能一是个人性格所致，二是由于生活和艺术对他的教育。他懂得，思考能给艺术以深度。飞云的画，包括他画的人体，虽然追求写实的美感，但并不满足于此，而总是含有一点哲理味。沉稳和理性精神不是没有激情，而是把感情提升和纯化以至变换表现形态。(邵大箴)

如前所说，油画是一门欧洲艺术，在它的故乡有着孕育、滋养和理解它的深厚土壤，而它被移植到中国的土壤上，就像从异国带来的名花贵草一样，必定要经历一个适应和融会的时期，也需要转化为中国画家自己的表现语言，传达中国人的思想感情。作为中国油画家在这方面的自觉，是使"外来的"油画成为"中国油画"的基础。整个中国油画界在进入90年代之后，这方面有了更多的提倡。作为在画坛已经著名的油画家——杨飞云更是内在地坚持着这样的目标。他并未大声地倡导油画的"中国化"，而是默默地在这个历史性的目标上努力，用大量作品说话。他10多年的探索及其成果，展示了油画的中国情趣和中国品质。比如，他的作品在色调上是朴素而高雅的，摒弃浓妆艳抹，讲求自然平实。尽管画的是当代的中国人物和景物，却将中国古代传统中崇尚质朴、清新的文化品质与西方油画典雅温润的语言特质有机地融合到了一起，描绘和渲染出既有中国情趣又有油画情致的气韵。他在表现中国人的思想感情上倾注了长期探索，不仅在造型上表达了中国人的形体、形貌特征，还重点地刻画中国人的性格共性与神情，使笔下的艺术形象富有中国人含蓄、内在的神情；在他许多以青年女性为主人公的作品中，特别着重表现了中国女性的单纯和美丽，建立起了一个中国油画的青春女性系列；他描绘了大量女人体，但是不仅仅作为内容来表现，而是作为课题来研究，在女人体系列中画出了不易掌握和表现的黄种人肤色，并且将女人体和东方的、中国的景物结合起来，形成幽雅的东方意趣，使之散发出生命的光彩……所有这些，都是探索"中国油画"的实在成果。(范迪安)

了解杨飞云的人往往冠以"宽厚、率真"，这的确是对杨飞云品性的最中肯的概括。艺术是人类精神外化的轨迹，个体艺术语言的独特必然决定于艺术家品性的独特。廛徊在杨飞云的作品中由宽厚率真凝结而成的浑然之气真切地撼动着观者，牵引观者登临另外一个世界，这里是精神上的世外桃源，其间的一人一物一景都渗透着一种超凡脱俗，摒绝功利的气质。淡泊繁华，远离嚣嚣尘世，向往静谧追寻纯美的关照。他的作品昭示着他的情感，同时也暗示了某一种看世界的方法。工业社会改变了人类的生存空间，扭曲了人们的思想情感，人们曾经拥有的恬静和真诚正渐渐逝去，纯朴和自然曾是古人的时尚，而到了今天却需要特别去提倡。杨飞云天赋的品格却使他很自然的做到了这一点，面对纷繁杂芜的艺术潮流.他选择了自我的情感，选择了具有广泛性和包容性的大美。(常磊)

杨飞云是中国现代油画界的一位扛鼎人物，他的绘画以其纯净的古典主义美质而享誉中国画坛，在他那承续西方古典艺术传统的人物画中，流溢着一个当代中国画者在20年的创作生涯中，因感领一种伟大的精神而生发出来的荣光之美。这种美纯粹、宁静，吐露着一种生命的真。杨飞云将他室内所观所着力的重心称之为"画意"，他所谓的画意在我看来其实是双重的。首先，它来自于内心感动而一下子所捕捉到的具体物象，并落实为画面的中心意向，也许一种神情，一个姿态，一个动作，甚至在绘画和生活中无意间发现的一丝精微的触动，都可以经过他的语言架构和色彩纷呈而成为一幅作品所吐露的要意。很多人把这一层次的画意视为具象的，所谓写实大多源于此，特别是

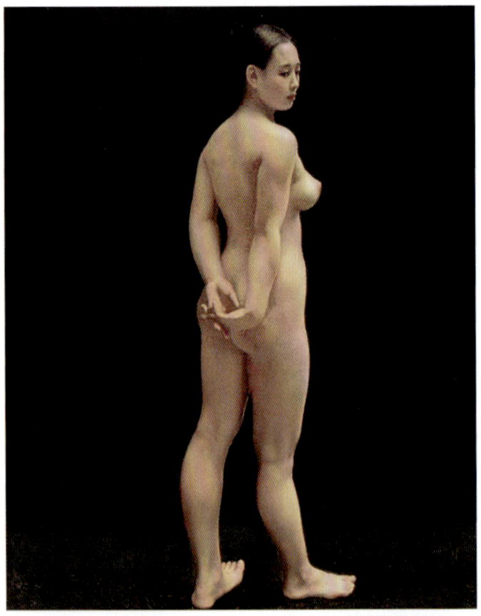

杨飞云 十九岁 100×80 布面油画 2007
杨飞云 西北的云 90×75 布面油画 2007

杨飞云 山水之境 146×114 布面油画 2006

杨飞云 女儿榻 161×130 布面油画 2010

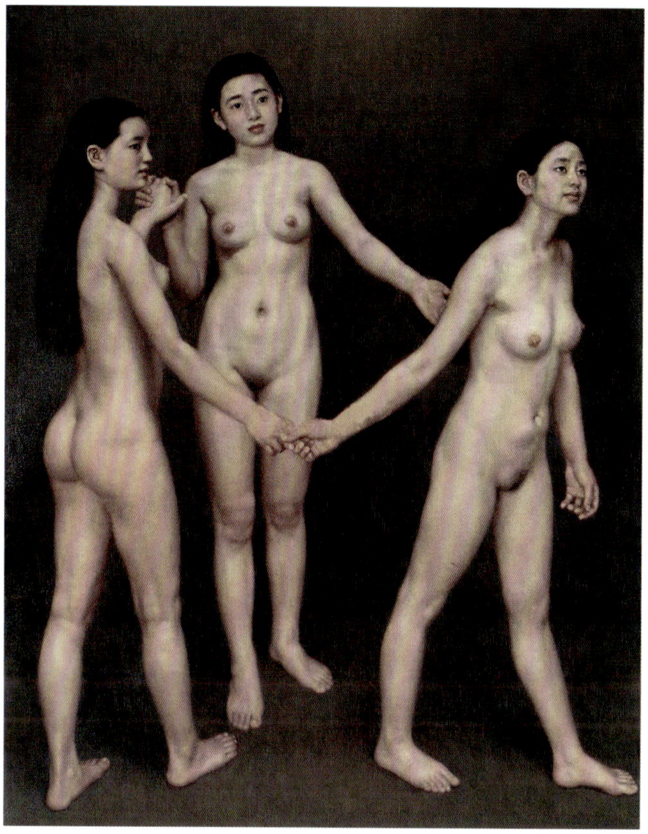

杨飞云 三友行 200×155 布面油画 2007

经由室内近观，使得这种写实的具体性和丰富性格外突出。不过，这种写实在杨飞云看来并非古典艺术的真章，因此，在写实的背后，或贯穿于写实的还有另外一层精神的品质，那就是美的理想，这种美的理想在他的笔下转换为一种抽象的意蕴，所以他的画，又具有丰富的抽象特性。他的作品之所以并非现实主义或写实主义，关键在于其室内近观所构筑起来的形体结构和声光节奏，祛除了现实素材中一些无足轻重的杂质，而培育出生命贯注的纯净之美。正是这种纯净之美承接的古典精神的内在灵魂，使得他画面的抽象性不至于沦为现代艺术中的抽象主义。(高全喜)

杨飞云是当代写实油画的水平标杆之一，拥护或者反对的，都会拿他来做比照。不管持哪种观点，又一致同意他承袭了中国写实油画的衣钵，今天薪火相传的学院派写实油画技艺，由他和他的朋友们对当代中国油画产生意味深长的影响。(王焕青)

杨飞云具有非常强的造型展开能力和描绘能力，他像一个交响乐的指挥一样出色地将作品的基本旋律进行充分地展开、呈现、深入、丰富。并将它推入艺术表达的高潮。杨飞云十分重视作品的创作过程和操作过程："整日里苦心于把握和表达这种冲动，全部生活似乎缠绕在这里边，画大一点，还是小一点，用笔刷上去还是摆上去，色彩强一点，还是弱一点，造型方一些，还是圆一些等等。这些非常具体的简单绘画因素碰到一起，透过画家笔端在随时的敏锐把握和整体控制当中，决定着整个作品的表达力度，好画家就是这样通过笔尖扎实的实践，倾注全部心血创作的一幅幅作品积累所致。"杨飞云在造型上的整体把握能力和控制能力良好，这不仅仅是一种能力，更重要的是一种成熟境界才会出现的修养。(邓平祥)

杨飞云的油画品格，从外看是秩序和结构的完美，向内是意蕴和境界的温馨。他的画弥散着温馨的情调，有一种"平常心即道"的基本心态，因而，其人文理念是十足的人性和人本的。这与他热衷于西方文艺复兴的文艺传统有关，与他平时朴素的人品有关。杨飞云油画的文化准备、精神准备、情感准备、修缮准备、技术准备都是出色的、一流的，所有这些决定了杨飞云油画艺术的艺术品格之独到而高雅。他的绘画毫无媚俗之心，只有温馨平和之意，是理想化与现世化最鲜活的交融。(梅墨生)

杨飞云的画具有西方古典绘画样式的一切基本要素，如严谨的造型、精细的笔法、匀净的线条、典雅的色彩等等。由于他在绘画语言上的不断追求与多年探索，其技艺愈来愈近乎纯熟。他的作品无论是肖像画抑或是人体画，大都表现的是女性的优美。他是按照自己的审美理想去创作、去探索、去追求优美的极致，因此他的画风柔美而不媚俗，秀丽而不轻靡，给人以健康的美感。(王宏建)

[部分成交记录]

女儿榻	161×130	6608000	中国嘉德
西北的云	90×75	6600000	北京嘉宝
三友行	200×155	5824000	北京保利
祈祷和平	185×115	5720000	际华春秋
十九岁	100×80	4592000	中国嘉德
红色的张力	167×130	4480000	北京翰海
荷花品质	162×130	4032000	中国嘉德
大植物	130×97	3976000	北京保利
双人体	161×130	3920000	中国嘉德
那时我们正年轻	125×115	3850000	北京荣宝
小演员	116×95	3696000	中贸圣佳

段建伟

[市场数据]

目前上拍件数：95件

目前成交比率：75%

目前总成交额：1222万

目前均价：3万/尺

单件最高拍价：39.6万

最高纪录作品：《持花的小男孩》

上拍机构：上海泓盛

上拍时间：2006.6.27

[凤池观察]

艺术不仅仅靠朴实与虔诚，万千之中别具一格，才体现它不同一般的价值，它从农村来，却丝毫不土气，这就决定着会有越来越多不土气的人来走近它，喜欢它，收藏它。

[画人妙语]

借口 大约从前几年开始吧，我画里的小孩不知不觉地多了起来，问起缘由，我竟不知如何作答。想来想去总要和自己的童年扯拉上。这真是我自己的童年生活吗？想来还不算是，被一次一次问起的那个画里的小孩，当然也并不是我，但自己总免不了搅和进去。好象小孩成了一个更好的方式，也成为一个借口。这几年一画就是小孩，脑子里一想还是小孩，我想说的一些东西，加给小孩我觉得更自然，他们也不知道，画里所呈现的就是小孩，成人身上有的东西，比如：英雄情结，傻乎乎，那种牛逼，小孩身上都有，都可以表现出来，同时他们还有一些更多的，小孩身上有个才舒服的东西，这样，我画这些东西，就可以更隐蔽一点，更让人容易接受而不是硬塞给别人。

段建伟 月照大沟一 125×110 布面油画 1995

段建伟 抢救 106×125 布面油画 2009
段建伟 父与子 125×110 布面油画 2010

段建伟 荷锄少年 125×70 布面油画 2005

为什么画农民 在巩县鲁庄后林的一个坡道上，迎面一个吃力地推着自行车的少年的目光与我不期而遇，让我蓦然觉得这个陌生的生命和我有着某种神秘的联系。我的眼睛曾经被木偶戏前台的热闹所吸引，却没想到过那双诡秘灵巧的手。一些儿时生活的片断，我无法逃脱的血脉，那些特定的时刻和景致，都一下子清楚地和眼前的东西重叠起来。我重复着别人的提问：你为什么画农民。你为什么画农民。我就又一次口吃了。迎面一个农民伸出右手接过我递过去的一根烟。生命的本质几乎就写在这张脸上。它笑着，我迅速被它感染着。这种生命的活力我在别处见过，在一棵树身上，一个湿漉漉的土坡上，一两声鸣叫中，一个动作中，一句省略了的话语中，鲜活自然，直接而有力。我看重这些平淡，世俗生活中的日常景色和几乎无法辨认的表情。我快要看到那双手了，诡秘而灵巧。我被这些平淡的生活吸引。被它的捉摸不定和模糊的含意吸引。我揣摸着和领悟着，有点犹豫地向前迈了一步。我逐渐成为他们的一部分。我用这样的语汇去诉说，他们就用这样的语汇和眼神来回应我。这像是一桩秘密交易，我得到了我要的东西。

[专家说法]

广袤的农村，众多的农民，无时无刻不在上演着充满了喜怒哀乐的，或平淡，或惊奇，或震撼的故事，蕴涵着人类生活的方方面面，因此也就需要方方面面的记录与总结。如果说正渠热衷于乡土题材创作是基于其出身于农村的“劣根性”，而又不愿意忘本并义无反顾地将全部的狂热与激情献身于表现并讴歌被许多文化人当然也包括艺术家遗忘了的乡村绘画创作的话，建伟则更像悟透了“不识庐山真面目，只缘身在此山中”的清醒的旁观者（顿悟者），毅然闯入那个能够使他感悟到生活的真实意义，充分体现自己的特质，尽情表达自己的情感的农村天地。他通过自己的观察，感受了直接的冲动，再经过深入的思考，加入文学的、历史的、哲学的元素，用画笔描绘一个个故事、一段段历史、一个个场景的瞬间，并为之满足、为之陶醉而心无旁骛。（张晓西）

建伟的画，属于很难诉诸文字的那种，倒不是他画中传递的艰涩，恰恰相反，是他笔触叙说的简单，有时候，它们简单到只是一两个音符，但好像要表现的心声又已全然托出，待坐下来想细细回味与捕捉时，它们又天籁一般，无迹可求。近年，这种神秘萦绕，虽然，建伟其人，一如既往地朴素，而他画中的人物，更是一天天地与他一起做着“减法”。羚羊挂角。是一种奇异的体验，教人欲辩忘言，而且，随着对他阅读的深入，会越发觉得叙述的难度。建伟的画，对传统评论构筑着考验。你必须找到一种与之对位的视线，才能解决语言不逮的困窘。换句话讲，你必要首先进入他的语境，才有可能真正触到他的内心。（何向阳）

段建伟朴素谦和、内敛细腻，更有敏锐与幽默，对中原农民情有独钟。其画以农民和少年为题材，通过符号化象征和平实洗练的叙事，构造有意味的故事情境，传达对社会与人性的认知，在平淡中悄然蕴藏着诗性与反思。其作品纯化质朴、稚拙风趣，气息隽永，于淳朴中透露着理性的与精微与神妙，不动声色地自然传达个人情趣与文化隐喻的无限可能。（刘进安）

段建伟着意于作品的“哲思”，初看他的作品往往被其表象结构的情节所吸引，或心酸、或沉重、或幽默，或诙谐，细细品味便发现画家是极善“借题”发挥的，其意在画外，让人在回味之中悟出人生的甘苦——一种中国文化特有的忧患于苦涩感，一种中国艺术中独具的“土”气。（徐恩存）

欣赏段建伟的作品，必须抛弃一切学院式的迂阔的、程式化的先入之见和肤浅的审美反应，只有这样才有可能在他的作品中得到最大程度的情感共鸣。（段正渠）

段建伟的画面上始终弥漫着不加雕饰的土里土气，他的人物形象始终是平凡、质朴、憨拙的。他们平静地面对命运，接受生活，但在无言的苦涩和艰难的劳作之后，是走出贫困迈向新天地的强烈愿望。段建伟笔下的农民在凝重的生存努力中具有理想的执著。（殷双喜）

如果段正渠使人想到罗奥，那么段建伟就

段建伟 蒸得好馍 125×106 布面油画 2007

不会使你想起任何一个外国画家，他的作品是土生土长的油画。在对待艺术的纯真态度上，也许他与朴素派画家有某种近似之处，但他绝无卢梭奇丽幻想和精巧的语言，他粗手大脚，质朴无华，以宽厚的温情滋润着中原热土的众生，如果你真正理解他，自会感悟到他的创作是“歌也有思，哭也有怀”，因为他追求着植根于故乡土地的艺术。（水中天）

在整个20世纪90年代，即便段建伟也清楚最新的艺术发展，但他的绘画语言依旧是那么粗手大脚而质朴无华。对于画面，段建伟追求单纯化的表现，用简练的线条勾画出生动的形象，在运笔着色上画家也关注色彩调子的微妙变化，以及笔触在物象表现上的作用。画家对于画面的纯化，还表现在对人物性情的集中刻画方面，“画一个人不只是颜色和笔触，我一定要把另一种东西当成目标，画得能让这个人吸引我、逼视我”。段建伟不惜采取了类似文学性的描述方法，他会更加关心那些细节，更加关注于个别人物表情细节的叙述，并将其充分地可视化，这使得整个作品带有了某种显见的描述性。而在构图上，段建伟也依据了形式结构的重量分配原则，同时也随心所欲地在画面上开辟空间，充分强调人物与景致之间的某种契合关系，画面安详而内敛，且洋溢出别样的浪漫与诗情。（赵力）

[部分成交记录]

持花的小男孩	160×110	396000	上海泓盛
父与子	125×110	324800	北京华辰
荷锄少年	125×70	319000	北京荣宝
乡村兽医	160×115.5	313600	中国嘉德
抢救	106×125	313600	北京翰海
大工小工	125×70	308000	朵云轩
盆花•少年	150×85	308000	中鸿信
换面	130×110	286000	嘉德广州
蒸得很好的馍	125×106	286000	浙商拍卖
母亲	130×97	286000	上海长城
夺书	115×85	275000	北京保利

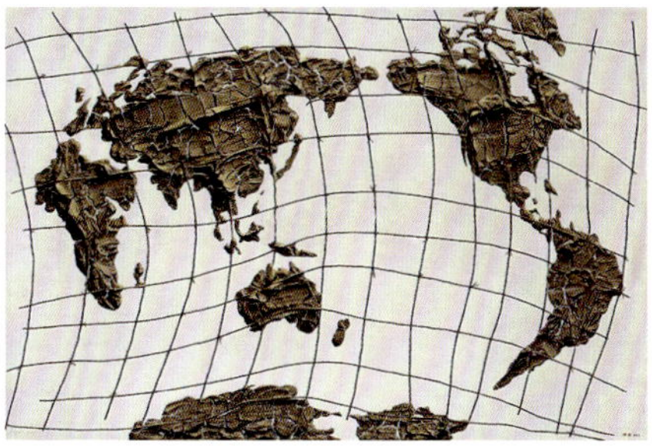

冷军 世纪风景之一 120×180 布面油画 2007
冷军 捆绑的牛角 78×98 布面油画 2007
冷军 突变—有刺的汤匙 80.5×70.5 2010

冷军 不可思议 150×100 布面油画 2007

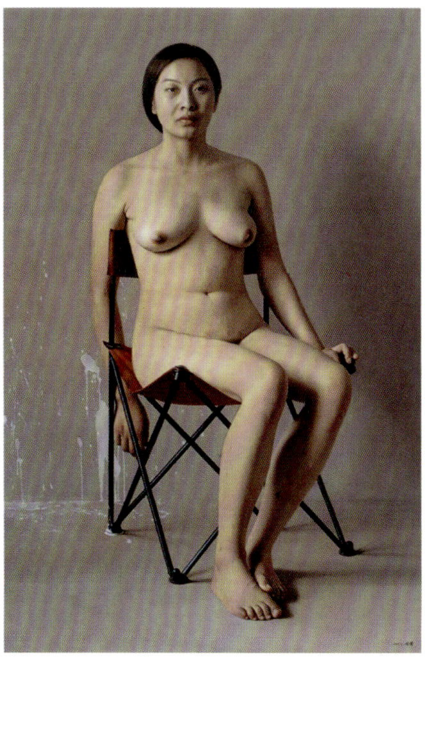

冷军

[市场数据]

目前上拍件数：152件
目前成交比率：80%
目前总成交额：8700万
目前均价：40万/尺
单件最高拍价：649万
最高纪录作品：《不可思议》
上拍机构：北京保利
上拍时间：2007.11.30

[凤池观察]

冷军的画有两个显著特点：一是有高超的技法，一是有独到的构思。前者予人以好看，予人以惊叹，后者赋之于内涵，这两者一旦集合在一个人身上，就会发出无穷的威力，中国有这么多玩这行的，还真不是谁想达到就达到的，恰恰武汉的冷军达到了。

[画人妙语]

奶嘴 由于自身艺术感觉的原因，这个奶嘴一开始便隐隐约约地给了我一些启示性的东西，觉得有些异样的文章可做，好像有一种精神谋图。一般意义上讲，就是所谓艺术个体在人类文化、心理、生理等精神界面与外界事物所产生的同构效应。这种企图在一、二年中萦绕不去，在多幅油画作品和艺术方案中都用过，但都不是很满意，主要也是艺术感觉问题，导致所要表达的意象不自然、没有道理、生硬且图像也不好看等。1998年的一次偶然，画室中我发现了一个被压扁、扭曲、变形的“奶嘴”。这种物理性的突然改变，同时也改变了我对它的最初理念，艺术感觉也得到了升华。一时间思绪豁然，许多朦胧也开始清晰。我想我已经找到了表达的渠道和方向。但这时我能想到的还是如何围绕“奶嘴”做好文章，怎么表现才能合乎内心的要求。那么这时的问题无疑应是这个“外力”如何出现和如何施加了。也就是说，如何使这个“外力”来得自然，合理，而不显得生硬、牵强，特别不能“作秀”。这是艺术自身逻辑的需要，否则损害的可能就是艺术最本质的东西。而这时我才又想起了复印机。它不仅仅是提供了这样的“自然之力”，更值得一提的是它们在艺术上的结合，或者说拿“奶嘴”进行复印无异于是另一层面上"精神复制"。复制行为在当代的特殊意义，使整个艺术化的过程变得更加迷迷离离，新意义由此产生，这是后话，也并不重要。而这时最重要的则是我开始利用复印机技术进行我个人化的艺术行动。

写实画派 我觉得写实画派，因为这个和中国整个文艺的历史有很大的关系。我们在二、三十年前，就是二十年前，我们的美术教育，艺术的创作方向基本上是以写实为主，以具象为主，学校里面学生的训练主要以写实为主，特别是“文革”，从20世纪五十年代到八十年代造就了一大批能够画写实的艺术家和审美趣味，就是现实主义的艺术家，有这么大的一个群体。这么大一个群体，从世界范围内来看，它是一个很特殊的群体。单就这个群体来看，从写实油画这个角度来看，在全世界应该是属于最高水平的。在时过境迁的今天，在中国还残存着一部分从事这种艺术创作的人，他们实际上和我们现在的艺术理念，艺术观念在形式上还是有一点相左的，但是这部分人，因为他已经是很稀有的了，在全球艺术发展的角度说来看是很稀有的，这个东西也是要保护，我想是有这样一个意思，一个是保护他，再一个还要发展。写实是人类的遗产，西方的写实主义绘画，现实主义艺术，最后被中国人留下来了，现在西方人不会画这些东西了，他的教育方面和人整个社会的结构，经济的发展，人的心态，没有人做学生的时候，能够静下心来操持这个东西，这个东西是需要训练的，没有一个相当时间的训练，没有一个相当课程的训练是达不到这一步的，所以这一拨人也许就是人类的最后一拨了，也许，但愿不是这样，但愿以后会有新的作为和发展，在写实的绘画上会有新的发展。就目前的情况而言，的确很不乐观，很有可能就是最后一拨人了。所以我觉得把它变成一个派别，应该也是很悲凉的一件事情。不能这样说，我也是受过很严格训练的，我对写实很有兴趣，我的艺术取向就是现实主义的，所以他们邀我在这个画派里面。

写实的价值 我想这个东西是这样的，可能物以稀为贵，写实主义这个东西，它在艺术理念上我们不去说它了，艺术理念它是很传统的东西，就是有新东西也主要不是体现在那个上面的，主要还是体现画面上，至少它的工作量是特别大的，而且从事的人比较少，能够操持这种的艺术家也不多。这个东西是需要一个好的写实艺术家，需要很长一段时间的磨砺，而且这种还对传统艺术的理解有一定的深度，不能很简单地说，普通的写实也没有什么意义。那么这个作品的难度又很大。总而言之都是少，艺术家也少，作品也少，群体也好，就是少，这个和它的价位高有关系。实际上和当代有一些比起来，价位并不高。因为当代可能怎么说呢?有炒作的价值，当代的作品比较多，量比较大，它有炒作的价格，而写实的东西炒作上没有价值。比如说你一年出五件作品，我把你的一件作品炒得很高，我已经付出了那么多，剩下的四件作品又能给我带多少利润呢?如果你一年可以出十件作品，我把你的一件作品炒得很高，其余的四十九件作品给我带来的利润就很高了，所以，写实性的绘画，炒作上没有价值，所以当代的流通领域和当代艺术还不一样，当代的确资本进来，对资本的回馈会高于写实绘画，这个可以理解吧。比如说我一件当代艺术是一百万的，我把它炒到一千万，那么我要亏空九百万，那么有五十件这样的作品，有四十九个九百万就赚得回来了，如果是五件作品的话，本来是一百万，炒到一千万，多给了九百万，那么剩下只有五件作品，五件作品能赚多少钱呢?可能还是亏。所以写实的作品，在市场的炒作上没有价值。

[专家说法]

冷军在架上油画遭到强烈质疑，写实主义备受冷遇的当代中国画坛，却选择了这样一种风格，实在是意味深长的。通过他成功的创作，实际上提出了对绘画性本身的思考，也重新审视了平面艺术对于当代生活的涵容能力，更让这门古老的手艺显示出他迷人的技巧本性。可以说，普通的观者对他纤毫毕现精致入微的画面叹为观止，在视觉上得到享受，而内行大可从其平静的客观之下，发现繁复的观念背景。这种浅者得其浅，深者得其深的接受状态，本是一个优秀艺术家应有之义，但现在似乎不太被重视了。实际上，其难度恐怕还较发明一个谁也看不懂的形式更大。（匡时国际）

冷军的油画作品常被形容为“极端化写实”，看起来像一幅照片，是赞赏还是贬义，对画家来说全不重要：“做艺术是很自由的事，他们有说的自由，我有做的自由。”冷军对于他绘画要写实的要求，相信与他小时靠临摹画册及电影海报有很大的关系。据说那时还小的他，因为不敢在电影院的海报面前临摹，于是拼命地把海报图像记下，回家彼便从脑海的记忆中把图像绘画出来，再回去比较，再修改，这样来回多次直到完全相似。画家敏锐的观察力、惊人的描绘能力及对于写实的忠诚相信就是这时期培养出来。（中鼎国际）

冷军有着极为扎实的写实功底，并且在创作中从不回避极端的写实手法的运用，画面时常能让人感觉到一种惊心动魄的力量。他笔下的对象通常丝毫毕现、精致入微，比照片更为写实、更具有张力。“不择手段”是他技术中的法宝，他不惜把最传统的写实手法和前卫的观念结合起来，从而与众不同，也因此备受争议。（广东保利）

冷军的作品以其独到的构思和非凡的艺术技巧在当今中国画坛独树一帜，观者在其画前无不被其画面那些丝毫毕现、精致入微的形象与技巧所折服。不仅如此，由于对当代题材与内容的切入，冷军的作品也使观者在精神上形成全面的张力，心灵受到强烈的震颤！冷军作画时往往要逼近对象，扫描式地寻找、体会每个所需要的细节，局部深入，整体观照，力求画面充分，细节与整体效果的完美统一。不择手段是他技术中的法宝，凡是适合表现的，任何手段都是好手段。诸如：木纹做旧，模拟物质表面质地生成的过程等，都被视为对技术的新认识与理解。（北京瀚海）

他首先要用焊枪之类的工具破坏小勺的完整性，并将它与钉子摆成一个小型的装置，然后再深入再现，每个细节都极端写实。因此，这个过程已经不完全是单纯绘画所能涵盖，还带有行为、装置的意味，在表面的客观背后，冷军实际上重建了一套主观的符

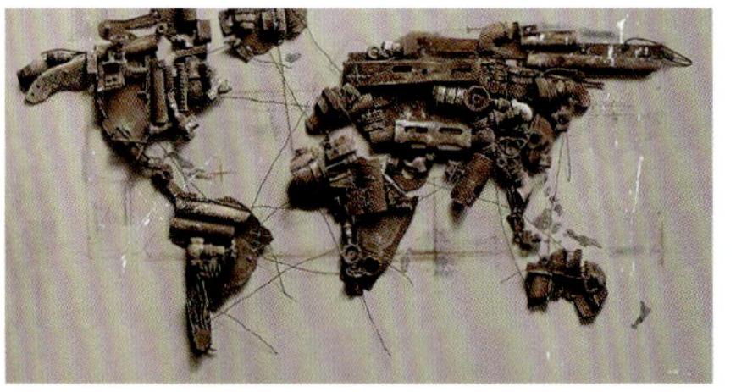

冷军 世纪风景之三 105×200 布面油画 2006
冷军 冷军 大柿子 80×96 布面油画 2009
冷军 破损石膏像 73×90 布面油画 2007

冷军 手相 60×46 布面油画 2009

冷军 肖像之相-小唐 140×70 布面油画 2007

号系统，其观念色彩十分浓重。他强迫我们逼视这些影响日常生活又毫不起眼的工业产品，提醒我们重新思考人与人造物的关系，并通过制造溃烂扩散式的效果，揭露机器制造物光滑便捷下面异化人性的狰狞可怖。可以说，他的作品，既有着独到的先锋姿态，又有着深刻的人文诉求，极为难能可贵。（北京诚轩）

冷军的作品，一直体现为超级的写实：以实物为依据，对于所有的细节，都精细而不遗余力地捕捉，几乎就像是一场持久的写生练习。在这些作品中，艺术家投入的心智自是不必言说的，单从技术经验的角度上讲，它终究体现了画家深入肌理、无以复加的身心劳作。面对冷军的作品，对主题的诠释和解读已经不是观众第一位所要关心的事情了，简单的意象的超级写实的画面产生的诸多细节将在第一时间抓住观众的眼睛，这是纯粹的绘画语言所带来的视觉体验。（北京保利）

画家将一系列带有强烈象征意义的物品重构组合、焊枪加工，用复印机复印之后，再对着实物进行近距离的观察、描绘，而这又与一般的摄影艺术有所区别：照片在拍摄的过程中必定有个焦点，有个中心所在，而他在创作的过程中，却是以极端细腻的笔法将物品的全部逐一描绘，这保证了画面的每个细节全部巨细靡遗，从而使他的作品比实物更具张力与象征性。（上海嘉泰）

[部分成交记录]

五角星	130×130	9496960	NY苏富比
不可思议	150×100	6496000	北京保利
世纪风景之三	105×200	5720000	北京保利
世纪风景之一	120×180	5060000	北京保利
大柿子	80×96	3136000	北京保利
五角星之一二	50×50×2	2408000	中国嘉德
突变—有刺的汤匙	80.5×70.5	2240000	北京匡时
破损石膏像	73×90	2128000	浙商拍卖
捆绑的牛角	78×98	2038400	北京翰海
文物—新产品的设计	97×127	1980000	中国嘉德
手相	60×46	1848000	北京保利
银器	65×53	1456000	北京保利
红蜻蜓	50×30	1430000	北京保利
静物•桃	60×50	1400000	西泠印社
襁褓	72×60.5	1320000	上海国拍

冷军 蒙娜丽莎 125×45 布面油画 2004

冷军 匙之花 70×90 布面油画 2002
冷军 五角星 130×130 布面油画 1999

申玲

[市场数据]

目前上拍件数：82件
目前成交比率：70%
目前总成交额：1030万
目前均价：2万/尺
单件最高拍价：55万
最高纪录作品：《我的家》
上拍机构：浙江浙商
上拍时间：2006.8.19

[凤池观察]

不像则欺世，太像则媚俗。申玲用这把尺子真诚地丈量着世人的心，世人自然不会亏待她，不仅过去，还是现在，抑或未来，她坚持的越久，丈量的越深，世人就会越发地喜欢她。

[画人妙语]

粉红翠绿 我每一阶段由于情绪，心境不同，喜欢的颜色也不一样。比如现在，我特别喜欢粉红、翠绿，几乎是疯狂地迷恋，没有它们不行。画任何一张画都会让它们出演主角。原因很简单，我画的是性爱的感觉，我认为性是粉红色的，它扑朔迷离，绵绵柔美，那种意境非粉色莫属。在我的画中，颜色是我的奴隶，我无理地控制它们，想怎样就怎样，五颜六色构成了我情感符号。我是爱的音符，只要我活着，感知着，它们自然就会奏出旋律，也许是舒缓的轻音乐，也许是爵士，也许是激情四射的摇滚……不管怎样，你可不听，不喜欢，但它真实，它是我一个活着的生命，会低声呻吟，会疯狂呐喊，会开怀大笑……

我的寂寞 寂寞是一种美丽，一种拥有自由的美丽；寂寞是一种无奈，没有人与你分享的无奈；寂莫是一种等待，一种绝望的等待。当温暖的春天来时寂寞的虫却爬满了我的身体，让我握着一杯冷咖啡坐在角落里静静地发着呆。爱让人享受寂寞，即使在暖融融的春光里，你体会得也不是温馨而是冰冷。

水满则溢 借用这种方式把模糊的感觉变成清晰可见的图像符号，仿佛我每天的心情日记，它不夸张，不做作，一切自然而然地发生了，一切也都自然而然地记下了。一份宁静，一份期待，一点惊喜，在这样一种长久的坚持下，用铅笔记录生活几乎成了我的生活方式，所以我画画仿佛水满则溢一样，毫无理由可言。就是这样，有就画，没有就是没有。

[专家说法]

申玲是我国女画家中的重要代表画家，她的画风是具象和表现的结合。在这两张尺幅不大的画中，画家表现了男女情爱的场面，极为饱满的构图，使画面中的人物仿佛就要冲破画框，释放出平面绘画难以达到的张力。明快的色彩营造出装饰的视觉效果，使观众在欣赏画面时获得丰富的，与造型语言互动的体验。（中鼎国际）

女画家作画时更纯粹，申玲以直叙的艺术情节，散文诗般的语言结体描绘了现代都市人的生活情状，显露出当下社会生活时尚、审美心理的悄然变化。画家笔下的都市景观、世俗人物，没有丝毫的矫饰和伪装，一切是那么真实，一切是那么的自然，这得益于艺术家内心维系着一种质朴和纯真的情怀。正由于艺术家的心路与画路的和谐，使申玲总能从散落于生活角落的日常生活情状中捕捉到那富有时代色彩的题材，在这个一切以人为中心的社会，申玲选取人物，那些与她相知、相近、陌生、有趣的男人、女人用作她语言陈述的主题内容。（际华春秋）

申玲被众多美术批评家认为是女性主义画家中"最具代表性和最优秀的画家"。她从来不去表现太多的哲学思考，而是描绘心中的感受与切身的经验。在我们的传统中，"性、身体"虽然是与女性直接发生关系的事物，看过申玲作品的人，一定能从她大胆豪迈的笔触、浓烈的色彩中，感受到她饱满的激情和强烈的个性；认识申玲的人，又会从她那里感受到一个坦率、质朴、透明、热情的女人所带来的那份愉悦。她是一个不仅自己快乐，也给别人带来快乐的人。（上海鸿盛）

申玲的作品适合在隐秘的卧室内展现，艺术家所要表达的欲望和心灵震颤需要在私人

申玲 工人 180×170 布面油画 2008

男人女人之四 180×170 布面油画 2009

申玲 我的家 180×180 布面油画 2006

申玲 午后懒洋洋的女人 190×200 布面油画

空间内才可被感知，而在开放式的厅堂则会让这股娇媚的阴柔和撩拨的紧张感在公共空间中荡然无存，失去作品的艺术感染力。申玲的绘画从内容上看大多就是一些居家生活，诸如洗浴的女人和在家中无聊地看报纸的男人，她抓取的是一些毫无美感的生活碎片，健壮的人体表现出的却是彷徨和百无聊赖的迷茫。“她把平庸感夸张到无以复加的地步，而且是一种浓艳、艳俗的风格，我觉得这也是生活的平庸性，生活就是这样的状态。”(中贸圣佳)

申玲的作品带有浓重的德国表现主义的色彩。申玲对性的愉悦的展示坦然而直率。虽然自古以来中国的性文化传统就一直未曾中断，但曾一度占据重要地位的清教徒思想毕竟影响着人们，而且这种影响残留至今。所以一个当代的中国女子能够如此鲜明地表达对性的愉悦，还是令人非常震惊的。(中国嘉德)

申玲的早期作品带有她的典型风格。人物的形象夸张而有点怪诞，色彩的主观性极强，笔触恣肆奔放，她用这样地道的表现主义手法所描绘的正是她与爱人王玉平。也许对于申玲来说，只有强烈的视觉语言，才能传达她作为一个女人和妻子那种对日常居家生活的近乎痴迷的执着。然后，她还不忘幽老公一默，在他的头上画上只小鸟，并借用流行一时的歌名“爱情鸟”来再次强调她所认定的这种价值的现世性与世俗性。不过，恰恰是她的那种无所顾忌，让她比很多女性主义者显得更可爱同时也更有说服力，因为她的幸福就活生生地写在脸上。(北京诚轩)

申玲那些“闺密”、“闺友”、“粉床”题材、私生活题材、情欲白日梦题材一直引人瞩目，同时也是申玲油画独特的存在价值。在这些题材中，爱到深处便要见肉，情到真处就要成欲，饮食男女，天之大道存焉；表现女人陶然于粉床闺乐，甚至寄情于情欲白日

梦，以文艺的方式对此念想和绘声绘色，本身就是中国从政治社会渡向市民社会的意识形态标本，也是妇道女权的进步。由一个女画家来在她的作品中布“道”，申玲便是当代美术史中无法低估的人物。而这些东西画成“正剧”便引发尴尬和羞怯，于是申玲就自然而然地画得有些“漫”，有些借用表现主义的手段自我解嘲的意思，而恰恰在此中，申玲找到了驾驭色彩、变造光影的乐趣，从此一”漫”而不可收。（北京华辰）

申玲的作品多次参加国内外重要展览，曾获得第二届中国油画展优秀作品奖、第三届中国油画年展银奖、首届当代艺术学术邀请展学术奖，这些奖项都是对她的认可。情爱和女性意识是申玲作品的两个主题，他迷恋于都市私生活，流连于男欢女爱，画面中充满了撩拨和挑逗。灵与肉的纠葛、粗男俗女的缠绵、欲望与心灵的冲突、爱与恨情与仇的相互编织，都是她所表达的内容。最重要的是，申玲的艺术魅力源于形式和内容的共振关系，其酣畅淋漓的笔触，夸张怪异的造型，浓郁强烈的色彩，异常准确地捕捉到了人物气质和内心世界，非常到位地表达了她对当代都市景观的认知。其独特视角和率真意趣，在中国当代艺术史上无法被忽视。同时，激扬的情感表露并未使她丧失智性思考，其作品也是对人性的审慎批判。（匡时国际）

申玲的作品适合在隐秘的卧室内展现，在于艺术家所要表达的欲望和心灵震颤需要在私人空间内才可被感知，申玲的作品是：“她把平庸感夸张到无以复加的地步，而且是一种浓艳、艳俗的风格，我觉得这也是生活的平庸性，生活就是这样的状态。”极具艺术感染力。（北京翰海）

[部分成交记录]

我的家	180×180	550000	浙商拍卖
他？她	180×190	537600	中国嘉德
一树梨花压海棠	180×170×2	462000	北京翰海
蝴蝶梦	180×170	418000	中国嘉德
我的爱情不风流	170×160	392000	西泠印社
人物	220×190	363000	上海敬华
男人•女人	180×170	352000	中国嘉德
注水的女人之一	160×170	352000	浙江中财
春天里	180×170	330000	保利华东
花凉鞋	180×170	330000	中国嘉德
工人	180×170	308000	中鼎国际
男人女人之四	180×170	297000	际华春秋
闲	80×65	280000	北京保利

申玲 酒不醉人人自醉 100×100 布面油画 2000

喻红 金色惊喜 96×127 布面油画 2008
喻红 花花世界 177.5×182.5 布面油画 2008
喻红 黄昏的等待 178×152 布面油画 2007
喻红 戴手套的自画像 130×97 布面油画 2010

喻红

[市场数据]
目前上拍件数：75件
目前成交比率：70%
目前总成交额：2200万
目前均价：4万/尺
单件最高拍价：138万
最高纪录作品：《此时此刻》
上拍机构：际华春秋
上拍时间：2009.11.23

[凤池观察]
当年的“大卫妹”是越发地有名了，但他始终没闲着捯饬大卫的手，这就是一个艺术家起码的根。

[画人妙语]
我的主题 我生活在人群中，我发现了许多令心灵感动而又无法言表的东西，它们成了我作品的主题，这些都是关于人性的敏感、脆弱、尊严、无助、真诚和情爱的故事，它们伴随着我们的每一天，从出生到死亡，所有的人都被它驱使着，于是生活里发生了各种各样的故事。这就像一个巨大并转动着的车轮，谁也无法改变。人们身处其中，仿佛又无知无觉，所以一切就这样继续下去。生活对于每一个人来说只能有一种选择，熊掌和鱼不能兼得。艺术也一样。我选择了单纯。一切繁琐复杂的东西都被抛弃，只剩下了没有遮拦的人的面孔和身体。他们面对着我们，这才是真实的处境。我希望用我的绘画来阐释生命中的感悟，这很不容易，需要长久的努力。

[专家说法]
多年以来，喻红一直被学术界和艺术界认为是中国当代艺术的代表艺术家之一。（北京荣宝）

喻红的绘画与她的容貌一样，明朗单纯，也如她的命运，尽情展示。她的初期作品与小东相似，坦然描绘自己的青春，从少先队员到都市女性，有如揽镜自美，并在20世纪八十年代即引入时尚的美感，游戏于简朴的平面性。九十年代喻红成为母亲，从孩子那里反顾自己的童年少艾，她在新世纪创作了自传式的系列作品，将家庭图像与不同年代的公共影像相并置，国家背景于焉介入。那是喻红与上一代美术创作宏大叙述的私人对话，被注入个体生命的国家大事记，因此获得了亲切感与真实性。（上海鸿盛）

喻红画的多是身边的朋友，这实际也是一种自我写照，我们从后来的“目击成长”系列，可以看到喻红的艺术方向从20世纪90年代初期就已经奠定了基础。（匡时国际）

作为中国当代艺术中的重要艺术家，喻红的身份不仅仅是女性艺术的代表。在处于政治经济变型期的中国大背景下，在中国当代艺术被全世界瞩目的时候，喻红艺术创作的持续性和丰富性，在当代艺术的版图上，是不同寻常和别具意义的。（际华春秋）

喻红在日常存在中寻找到一种诗意。她描述我们每天都曾经历过的简单的喜悦，从和朋友开怀大笑，到静坐沉思，到陷入爱情和操持家务。她关注对个人的演绎可以追溯到在北京中央美术学院油画系读本科时所接受的彻底的写实主义技巧训练。她的早期作品将高度写实的肖像与非现实的环境与色彩相结合，展示出一种来源于现实世界的错位感。渐渐的，生活的安定反映在作品中，她抛弃了其艺术中超现实的策略。同时，用心磨砺观察力，使她在刻画人物面部表情和肢体语言方面表现出了敏锐的才能。喻红大多数作品的题材是女性。在中国美术史中很少见到以理解和有节制的方式描述女性观点的作品。一般来说，早期表现女性日常生活的作品多由男性创作，他们用没完没了的象征为题材镀金。他们即不关心女性本身，也不在意女性观点。现在，中国当代女性艺术家热衷于女性题材，她们表现的形象带有沉重的象征性，因而失去了独立的个体性。喻红尊重人生从儿童到成熟各不同阶段的个体价值。（中国嘉德）

喻红是近十年来一直致力于对客观现实主义绘画思考与探索的艺术家。她以描述自己日常琐事和身边人物来反映社会现实，进而转向“目击成长”，以自身成长过程与社会变迁作为一对双面镜让人们相互对视。本展中的《她》系列展现今日中国社会中各阶层女性的生活，她们在各自相片的影像中充分展现了理想世界中的精神追求和表现欲望，在她的绘画作品中的形象却是真实、自然和客观的。从中揭示出：人们在影像中的表情是虚拟的和理想的，与日常生活中的表情是不同的。喻红将这两种现实用影像与绘画并置在同一视觉中，以全面陈述“她们”的影象生存。（上海海派）

灰色也就成为她成长的记忆颜色，画家以灵动性的笔触准确地把握了成长时的印记与感觉，灰色也从中再现了六十年代出生这代人的“集体记忆”，抒写着一代人的成长史，亦是一个民族的成长史。（北京瀚海）

喻红在人们面前展示了今日中国社会中各阶层女性的生活。她们内心都怀有可能近期或今后都做不到的梦想或理想，但喻红的画笔还了她们的一个心愿。（上海鸿海）

与19世纪末西方女性的文学、艺术以带有象征、荒诞、怪异的意象描绘她们内心的现实和感觉空间相似，20世纪九十年代以后，一些女画家的作品出现了一种对自我内心世界关照的迹象，这类作品多呈“自言自语”状，与文学作品中的自传、内心独白、日记等形式类似，语言方式也多与象征主义、超现实主义、意识流等文学语言同构。如喻红的《紫色的肖像》（1989）等，虽然依旧是“肖像”的形式，依旧是写实的手法，但画中人物已超离了写实肖像绘画描摹具体物象的主要功能，而具有象征意味，人物形象作为意象化的象征符号，其荒诞的姿态、模糊的浪漫表情，以及画面怪异构图、背景，强烈的紫色调和装饰性技法，传达出某种个人的内心的不现实和无聊感。（北京华辰）

早在20世纪九十年代初，作为新生代艺术家中的一员，喻红已经崭露头角。她的作品自传色彩浓重，不着意于对深度和典型的追求，总是表现生活中的细枝末节，以写实的手法，突出一种没有情节但戏剧性十足的效果。可以说，喻红虽然不是一位自觉的女性主义画家，但她的女性视角是很明确的：“出生在这个地方、这个时间，是女性，就已经决定了人的绝大部分，人所能做的就只是微调了。”（浙江浙商）

[部分成交记录]

此时此刻	180×90×3	1386000	际华春秋
花花世界	177.5×182.5	1344000	中国嘉德
紫色的肖像	130×97	1064000	北京匡时
黄昏的等待	178×152	840000	中国嘉德
金色惊喜	96×127	784000	中国嘉德
饭店老板张艳春	150×300	781000	上海海派
戴手套的自画像	130×97	761600	北京翰海
米色的肖像	130×96	739200	北京匡时
怀旧的肖像	130×97	605000	北京保利
父子	122×106.5	528000	中国嘉德
无题	130×97	451000	东方博物
灰色的肖像	130×97	308000	北京翰海
藏女卓玛	150×300	1032750	苏富比
我们俩	250×300	747500	上海泓盛
我在脱衣	177.8×155	647475	佳士得
乐手荣翊如	150×300	493360	苏富比
热恋	87×68	280000	北京保利

陈逸飞是一个浪漫写实主义者，他的作品古典纯净，流露出深深的怀旧气息。水乡风景、音乐人物、古典仕女，还有西藏，都是他画笔下的主要题材。尽管陈先生有较好的西方艺术和中国艺术传统的学院功底,他的作品却是完全中国化的。他的现实主义风格使他达到了更高的真实，超越了把主题归属于精神的再现，他因此具体化了中国传统的审美内涵。他的绘画作品中，东西方精神的融合是独一无二的。我们可以从他对东、西方仕女的着装描绘上清楚地看到这一点。那些透露着富贵气息与丝稠质感的厚重衣料，却无法遮掩装束底下女性肉体的纤柔与妩媚,而这些竟是用我们通常觉得粗略抽象的油彩一把一把涂抹出来的。因此,超越地域和人文的界限,将东西方的文化精髓融合在一起,用自己独特的艺术语言与世界艺术接轨,并运用西方的技巧,把中国传统的审美内涵具体化,这也许就是陈逸飞的成功之处。

陈逸飞 微醺 150×146 布面油画 2000

【中国名家】

克里木·纳斯尔丁

克里木·纳斯尔丁的艺术创造

文/詹建俊（中国油画学会主席）

克里木·纳斯尔丁的艺术魅力，还在于能够以富于个性的画家的眼睛和心灵来观察和感受生活，并以具有特色的油画艺术语言，创造性地运用油画艺术形式把所看到的生活中的一切自然的物象，转化为动人的艺术形象。

克里木•纳斯尔丁在中国油画艺术界引起人们的关注与赞赏，应当说是从他在中央美术学院研究生班的毕业创作《麦西来甫》问世开始的。《麦西来甫》象一只报春的鸟，这件作品把那新疆所特有动人的生活景象，以饱满的油画艺术语言极富感染力地表现了出来，使观者不能不为画上那浓郁的欢乐气氛和生动的艺术形象所感动。他继此之后，20世纪八十年代开始以来他接连完成了大量的油画作品，如《摇篮曲》、《哈密麦西来甫》、《人民教师》、《高昌古城》、《于田人》等等，其中有的入选全国美术大展，有的陈列在人民大会堂，有的获奖，有的被中国美术馆收藏，有的在国外展出……。那一件又一件的独具艺术魅力的作品给人们留下了美好而深刻的印象。克里木•纳斯尔丁已经迅速地成长为一名在全国有相当影响的杰出的油画家。

他是位维吾尔族的写实主义的美术家。因此，他的艺术的魅力源于他对新疆少数民族生活的熟悉和热爱。由于他正是诞生在新疆这片土地上，靠这片土地上的热馕和瓜果所滋养，所以他对这片土地自然有着由衷的爱，爱这里的山川，爱这里的花木，爱这里的人民，爱这里的习俗……。因此，他能够体会并把握那些民族生活中动人的景象和动人的感情。以《摇篮曲》为例，画面中那位在特定情节下的年轻柯尔克孜族妇女的美妙姿态的选择和描绘，那微倾的头部，舒展的弯眉，低垂的眼神，以及正在吹奏库木斯琴的手、腕与口唇的动作，无不透露出画家对所绘生活的一片爱心。克里木•纳斯尔丁的艺术魅力，还在于能够以富于个性的画家的眼睛和心灵来观察和感受生活，并以具有特色的油画艺术语言，创造性地运用油画艺术形式把所看到的生活中的一切自然的物象，转化为动人的艺术形象。因此，他的绘画既是生活的反映又不同于生活；既是自然生活中真实的世界，又是心灵中的艺术的世界；它既是物又是色，既是形又是线。他在运用这些绘画艺术手段的过程中以一个少数民族美术家特有的感知与方式，创造出了他的具有鲜明民族美术家特有的感知与方式，创造出了他的具有鲜明民族特色和强烈个性特征的油画艺术作品。那些丰满的构图、艳丽的色彩，明晰的结构、强化的造型、突出的线条，这一切构成了他的绘画艺术所特有的风貌。因此，也显示出了他的油画作品所特有的艺术魅力。《哈密麦西来甫》、《摇篮曲》、《于田人》等都是这一特色的代表作品。

在创作手法上，他的这一艺术特点的产生，是以装饰性艺术与表现性艺术的两种不同手法、不同效果的相互结合而构成的，所以他的绘画既有装饰性艺术节律的提炼的美，又有表现性艺术扩张的饱满的力，克里木•纳斯尔丁这种对装饰性艺术效果的偏爱与追求应当说是得自于民族特有生活的熏陶，而那些表现性艺术的倾向正是他自身个性的内在要求。"画如其人"，只有他这样的美术家，这样的性格气质和生活环境才能形成他这种样式的艺术追求，产生出这种样式的艺术作品。

作为一名同行，我深知任何一种艺术手法的探求，任何一种艺术特色的创造，都不是可以轻而易举所能得到的，都要经过一个长时间的实践努力，经过一个艰难地由不成熟而到成熟的过程，其中的辛劳与困苦也是非专业者所能体会的。虽然克里木•纳斯尔丁有着近十年在北京的专业艺术院校的训练，掌握了很好的功底和技术，但是，真正的创造不是靠学历可以解决，也不是只有技术就能够达到的。那是需要有在艺术上的创造精神和勇气，需要有自己的见解和

克里木·纳斯尔丁 阿曼尼沙汗(历史人物画) 82×56 布面油画 1992

智慧，还需要有相当的修养和胆识，缺少了这些方面，休想有个人的艺术建树。除此之外，就是前面提到的还必须能够为此而作出不懈的努力，付出大量的艰苦而顽强的艺术劳动。因此，在那些成功的画幅上都应当可以感到作者的智慧的光芒，也应当能够觉出作者的辛勤的汗水。

现在克里木•纳斯尔丁正当中年，乃是才华横溢、年富力强之时，加上他近年有幸受中国美术家协会委派赴法国巴黎设立的国际艺术城进行较长时间的艺术考察，同时又遍游西欧诸国参观各大艺术博物馆，亲睹古今世界美术名画原作，这无疑将对他的艺术实践产生深远的影响。以他的聪明才智，以他对艺术创造的不懈的追求，我相信克里木•纳斯尔丁的油画艺术一定会得到更加可喜的发展。

(右) 克里木·纳斯尔丁 松林
72×55 纸面油画 1974

克里木·纳斯尔丁 天国之鸟
80×100 布面油画 2001

克里木•纳斯尔丁艺术简历

阿布都克里木•纳斯尔丁，男，维吾尔族，1947年2月出生于新疆乌鲁木齐。中共党员，国家一级美术师、油画家、壁画家。1963年毕业于中央民族学院艺术系美术专业附中。1967年毕业于中央民族学院美术系绘画专业本科。1981年毕业于中央美术学院油画系研究生班。1988年至1989年在法国巴黎国际艺术城深造、举办画展并先后赴欧洲、中亚、东南亚诸国进行艺术考察。2000年赴意大利举办画展同时再次对欧洲各国进行艺术考察。2004年应邀赴美国华盛顿出席“古道新彩——中国西部画展”开幕式，并对华盛顿、纽约、费城等城市进行艺术考察。曾在“伊犁日报”社、伊犁州展览馆任美术编辑和创作员。1981年至2005年在新疆画院先后任专业画家、油画研究室主任、支部书记、副院长、院长等职。任第六、七、八、九，十一届全国美展油画评委、历届“中国油画展”评委，当选为第四、五、六届全国美代会代表、第八届全国人大代表。现任中国美术家协会理事、中国美协油画艺术委员会委员、中国油画学会常务理事、新疆油画学会主席、新疆画院名誉院长、新疆艺术学院教授、美术学院名誉院长、中央美术学院硕士生导师、西安美术学院硕士生导师。1972年以来，油画、粉画、壁画作品多次参加自治区美展、全国美展和国际美展，并荣获国际美展“特别奖”，国家“壁画大奖”、全国美展“铜牌奖”、“优秀奖”，省部级“一、二等奖”。油画、壁画作品被中国美术馆、中国油画博物馆、中央美术学院、意大利博罗尼亚美术学院、北京人民大会堂、新疆人民会堂等部门收藏。作品由文化部选送到法国、美国、澳大利亚、日本、哈萨克斯坦、吉尔吉斯斯坦和阿联酋、阿曼、巴林、卡塔尔等国以及中国台湾、香港、澳门等地区参加各类国际艺术博览会和画展。先后在巴黎、阿拉木图、比什凯克、香港、博罗尼亚、乌鲁木齐，华盛顿等都市举办个人画展，2007年在北京中国美术馆一号厅隆重举办《麦喜来甫——克里木•纳斯尔丁画展》 。多幅作品和学术论文在全国性专业报刊及国外报刊发表。传记载入《中国艺术大系》、《二十世纪中国油画全集》、《中国当代油画艺术》、《世界名人录》等专集和辞书。出版《克里木油画作品集》、《克里木》、《中国油画二十家——克里木》、《阿布都克里木•纳斯尔丁作品集》等专集。组织编辑出版了《中国新疆麦盖提农民画集》、《新疆百名美术家》CD—ROOM、《新疆画院作品集》、《希望之星——新疆少儿美术作品集》、《第三届中国油画展——新疆作品集》等画册，并任主编、副主编。代表作品有：《麦喜来甫》、《哈密麦喜来甫》、《多郎麦喜来甫》、《农民的喜悦——麦喜来甫》、《摇篮曲》、《于田人》、《母亲》、《女儿》、《夏提古丽》、《古道集市》、《回声（传承•和谐——龟兹舞与刀郎乐）》《天山之春》（大型壁画）、《东归》（大型壁画）、《民族大团结万岁》（中央赠送新疆维吾尔自治区人民政府——“团结宝鼎”铸铜浮雕）等。论文有《民族化还是个性化》、《为创造维吾尔族油画风格而努力》、《我的创作体会》、《人体艺术内涵》、《访欧随感》等。为发展我国文化艺术事业作出贡献而被授予“全国有突出贡献中青年专家”、“自治区优秀专家”等称号，并享受“国务院特殊津贴”。2005年吸收为“世界教科文卫组织专家成员”，同年被世界教科文卫组织授予百位中外专家首批特殊贡献“金色勋章”。

克里木・纳斯尔丁 摇篮曲 120×110 1982

克里木·纳斯尔丁 大学生 90×80 1986
克里木·纳斯尔丁 待嫁 90×90 1991
克里木·纳斯尔丁 喜 80×100 2001

克里木•纳斯尔丁先生是我国显著艺术特色和鲜明民族风格二者兼具一身的老辈艺术家，人物和风景兼善其妙，写实和表现各显其能，并以饱满的创作激情和丰实的实践成果熠熠闪光于中国艺坛之上，饮誉疆内疆外数十年。早在中央民族学院艺术系和中央美术学院研究生班上学时期克里木先生就表现出对艺术的特殊才华，其毕业创作的《麦西来甫》至今还为许多人所提及，在国之众人孜孜探求油画艺术之本土化的时间里，克里木先生却展示了他对自身民族的用心解析、精心捕捉、悉心提炼、细心刻写和真心呈现的卓越才能，超乎形貌，冲破表象，把疆民族人文人性的美好铺呈布上。疆人写疆，关怀直指真情实感，如果把中国油画比喻成洋洋洒洒的散文，克里木的油画就是异域风情里的散文诗，虽说其经历过中国一段特殊的历史时期，文化艺术的创作在当时受到一定的制约，但画家能摆脱受主题约束的局限而按照自己的思想进行，特别是在风行照片写生的当下，克里木先生依然坚持自然写生真人写生，十分强调刻写对象的生动性，这其中，中国传统艺术给他以极大的启发，尽管他的绘画题材大多是新疆维族的风土人情，但呈现出极大的自由和多样化，在画法上，中国传统艺术不断给他提供新的滋养，构建新的可能，比如中国传统绘画中的写意和画像石的拓片，舞蹈艺术造型和壁画斑驳的印痕苍迹等，都在点染他的思维与灵感，开启他智慧的天窗，使他在这些传统艺术中找到"中国油画"的可能性并逐渐形成极其鲜明的个人风格。如果说朱乃正和陈丹青先生在藏题材上建立了一种高度，那么，克里木先生则是在疆题材上有着高度的诠释；如果说当年的叶浅予老先生在水墨上对疆文化作了很好的概括，那么，克里木先生则是以油彩对疆文化作了另一种方式的表达，而且，年岁渐老，艺入佳境，克里木先生呈献给世人的不仅是无限愉悦的视觉感受，更可贵的是他打开了同汉民族一样深厚一样美丽一样富藏的疆域文化的点点通道，中肯地说，他的艺术是独特且有相当的高度，进步且有相当的价值。克里木先生作品目前上拍不多，尚没有厚实的市场数据，但作为中国油画学会常务理事、中国美术家协会理事兼油画艺委会委员、新疆画院名誉院长、新疆艺术学院美术学院名誉院长、新疆油画学会主席、多次担任全国美展评委，社会影响力自不必说，特别是作为用油画手法来传输疆文化且达到相当高度以及其作品风格的不可替代性，足以支撑其日后的辉煌大市，这样的"原始股"，无疑是非常值得投资的。

克里木 · 纳斯尔丁 女人体二
146×97 布面油画 1991

克里木 · 纳斯尔丁 白衣少妇
84.5×61 布面油画 1991

克里木 · 纳斯尔丁 戴白项链的姑娘
80×100 布面油画 1986

回归东方

文 / 阿木尔

作为外来画种的油画艺术，在中国传播发展只有近百年的历史。这期间有一大批优秀的艺术家以他们毕生的精力与才智，为中国油画的繁荣、发展做出了可贵的贡献。几代人的共同努力，使油画这一艺术形式深深植根于我们古老的东方大地，结出了累累硕果。著名的维吾尔族画家克里木•纳斯尔丁即是其中的一员。他以其一系列极富个性、具有独特绘画风格的作品，引起国内外的普遍赞誉。

1947年，克里木出生于乌鲁木齐一个维吾尔族知识分子家庭，从小即受到了良好的教育。后来，他就读于北京中央民族学院艺术系，在7年的预科、本科学习中受业于著名画家刘秉江先生。系统扎实的科班训练，使他打下了坚实的绘画基础。然而，正当他“羽翼初丰”之际，恰逢文化大革命那场空前的政治运动。带着种种疑问与困惑，他回到了养育他的故乡新疆。十年的风风雨雨，他没有湮没于政治风暴之中，而是以其对艺术的赤诚与热爱，坚持不懈地进行着顽强的艺术探索与实践。这期间他画过领袖像，布置过各种各样的展览，也从事过木刻、宣传画、连环画等美术工作。对于所从事的每项工作，他都是严肃而认真的。尽管在那个时代艺术完全是政治附庸，但对于一个潜心艺术的人，这多方面的工作、任务却使他拓宽了视野，扩展了技能。也正是在这十年里克里木•纳斯尔丁真正地深入到社会生活之中。他足迹遍布全疆各地，以画家

克里木·纳斯尔丁 穿白毛衣的少女 83×63 布面油画 1995

的眼光，进一步了解认识了新疆各族人民，为其日后的艺术创作积累了充分的素材，奠定了坚实的基础。不倦的艺术追求，终于使他在1978年考入了中央美术学院油画系研究生班。在吴作人、靳尚谊、侯一民、林岗诸位先生的指导下，努力学习，并在两年后以毕业创作《麦西来甫》引起了社会的关注。之后几年中，克里木相继有《摇篮曲》、《帕米尔的六月》、《哈密麦西来甫》、《女儿》、《夏提古丽》、《于田人》以及大型壁画《天山之春》等大量的优秀作品问世。这些作品标志着克里木•纳斯尔丁已成长为中国当代杰出的艺术家。1988年，克里木•纳斯尔丁受中国美术家协会委派赴法国巴黎国际艺术城进行较长时间的艺术考察。同时又遍游欧洲诸国，参观各大艺术博物馆，亲眼目睹了古今世界美术名作。这对他的艺术创作产生了深远的影响，因为宏观的视野必将导致艺术追求的博大与精深。“观看完全是一种强行给现实赋予形状和意义的主观性行为。事实上，没有一个从事艺术的人能够否认，个人和文化是按照它们自己的图式来塑造世界的。”[①]因此，巴黎之行并没有改变克里木的艺术风格，这正是成熟的艺术家应有的态度。作于巴黎的《交河古城》、《奶茶》以及回国后的作品《小羚羊》、《多郎麦西来甫》、《阿曼尼沙汗》等画作，预示着克里木艺术创作与审美趣味向东方艺术精神的回归。

油画《麦西来甫》是1980年克里木•纳斯尔丁的研究生毕业创作，现藏中央美术学院。该作品曾于1983年入选法国巴黎春季沙龙。作者以饱满的激情、主观强烈的色彩、简化概括的造型，成功的表现“麦西来甫”这一新疆特有的生活景观。透过画面极富感染力的艺术形象与豪爽动人的欢乐气氛，我们可以体味到画家对生活的独到感受和对绘画艺术语言的深刻理解。作为毕业创作，作品亦向我们展示了画家深厚的艺术创作潜力，同时预示了他艺术风格的取向，精神上向东方艺术传统的回归；在创作手法上，装饰性艺术凝练而节律的美、表现性艺术饱满而扩张的力二者有机的统一。

“第六届全国美展”铜奖的《哈密麦西来甫》是克里木•纳斯尔丁继毕业创作之后的又一幅成功的作品。统观画面，首先突入我们视野的是由互补色所构成的强烈的色彩效果，简化、夸张、充满节律的造型。构成上完全装饰化、平面化处理。这些因素共同表现出的优美、欢乐的韵味恰到好处地体现了画家对“哈密麦西来甫”特有的感受。在创作手法上，我们可以看到作者着意借鉴了维吾尔族民间图案强烈的装饰性意味，无论是形象的处理，还是色彩的配置都统一在平面性的画面构成之中。这对当时国内普遍盛行的以写实性再现为主的油画创作手法无疑是一种大胆的突破。作于1996年的《多郎麦西来甫》是画家以“麦西来甫”这一维吾尔族民间狂欢形式为母题的第三幅作品。画面黑色的基调与着意塑造刻画的人物形象表现了维吾尔族人苦难、沉重的一面。由此构成的“麦西来甫三部曲”使画家对麦西来甫这一题材的表现取得了圆满的成功。《摇篮曲》是克里木的另一幅极为成功的作品。画家在装饰性处理的基础上融入了更多的表现性因素，情感上也更加含蓄、深沉。以线造型的突出运用使作品的艺术语言更具东方特色。作品完美的形式体

克里木·纳斯尔丁 木卡姆演奏大师-吐二弟阿红 132×126 布面油画 1990

现了画家对艺术"自律性"的高度自觉。反映出他艺术认识的深化与艺术风格的成熟。

"艺术的自律性并非先验之物，而是构成艺术观念这一过程的产物。"[②]1985年，画家为新疆人民会堂设计了大型大理石马赛克镶嵌壁画《天山之春》，作品向我们展示了艺术家对多种艺术形式，不同材料媒介的熟练驾驭和控制能力。著名中国画大师黄永玉先生认为《天山之春》是中国当代最优秀的壁画之一。1987年画家创作了《于田人》这幅"力作"，作品对人性中所包含的善良与和平这一主题予以极大的关注。作者在深刻领悟了中国传统意象艺术与画法奥秘的基础上，大胆在油画中进行尝试，使东方艺术传统的精神在油画这一外来画种中得到了发扬光大。克里木不断有新作问世：如《小羚羊》、《喜》、《阿曼尼莎汗》以及大量的人体、肖像、风景等画作。这些作品反映出他在艺术上的不断进取，引发人们对他未来更加完善、成熟的期待。

纵观克里木•纳斯尔丁的绘画，我们可以看到审美情感、观念上的东方意识与绘画处理上装饰性与表现性手法的结合贯穿其一系列作品之中。这也正是他艺术语言与个人风格形成的关键。在不同时期、不同阶段，装饰性与表现性这两种因素有着微妙的变化。克里木是个极其聪慧的人，他受过极为系统严格的学院训练，对于欧洲传统艺术有着较全面的理解，同时也对东方艺术有着深刻的认识。他曾经深入的研究凡•高、高更、莫迪里阿尼等近现代欧洲大师的作品，这在他早期的习作中反映得非常明显。这种研究无疑使它具备了很高的造型与色彩感受能力。然而，其艺术创作手法的切入点是以奥地利画家克里姆特为代表的维也纳分离派以及法国现代艺术大师马蒂斯。正

克里木 · 纳斯尔丁 龟兹姑娘 87×60 布面油画 1991

克里木·纳斯尔丁 生命的坐标 80×100 布面油画 2001

是在马蒂斯与克里姆特那些作品中，他深受维吾尔传统艺术熏陶而形成的“装饰趣味”找到了与之相对应的油画艺术语言。同时，东方传统绘画的写意手法与中国画艺术的抽象构成美也深深地吸引着他，而表现主义绘画所特有的力度则恰恰适合其气质与个性，故东方传统艺术的意识与观念，装饰性与表现性这两种不同的创作手法在克里木•纳斯尔丁这里交汇到了一起，他以过人的气魄与胆略，将这几种不同的因素有机地融入自己的绘画语言之中。任何一个艺术家在其成长与学习的过程中都会受到多种传统与多位前辈大师的影响，但更为重要的是他自己面对自然时独到的感受与选择。这就要求艺术家具有极富个性的眼光、深刻的精神内涵、丰富的情感与相当的修养。克里木无疑具备这些优秀的素质，因此对大师的学习与研究，对不同艺术传统的借鉴与吸纳，对多种艺术手法的选择与运用，在他的绘画中得到了高度的统一，各种因素在他的作品中相遇却绝不生硬，亦非简单的嫁接，而是通过其个性与智慧的过滤，有机地转化为一个和谐统一的整体。

“大美不雕”这是著名画家、书法家朱乃正先生赠送克里木的一幅书法作品。应该说这一评价是客观的，其中也蕴含着朱先生对他的期望。中西方文化源自不同的宇宙观。前者强调“天人合一”，从自身与世界全方位的关系中体认一切。所谓“人可以参天地之化育，与天地同精神。”人与自然是同一的东西；后者则将世界分为主客观二体，将人类自身从与世界不可分割的关系中剥离出来，强调对世界的认识与改造，这使西方人得以对世界及人类自身进行深入而分门别类的研究，强调对世界及自身的认识与改造。中国艺术始终没有走向极端的写实或抽象。中国的山水画重意境，强调可观、可游、可居；花鸟画注重对趣味、寓意的追求；大量的佛像雕刻则是通过内部极限的平静与对张力的抑制来表现佛的威严。中国艺术的最高境界乃是一种无艺术的艺术。这种思想源于先秦诸子，特别是道家的学说，自然无为、审美的人生态度成为中国艺术的主导精神。概而言之，中国艺术与西方艺术尽管在其思想文化的出发点上有很大的不同，但都发展创造了各自辉煌的成就，同为人类文化的精华与瑰宝，而在艺术至高境界的旨归上，则是完全一致的。

贡布里希在《秩序感》一书中写到：“不管我们如何去分析规则结构与不规则结构之间的差异，我们必须最终能够说明审美经验方面的一个最基本的事实，即审美快感来自于对某种介于乏味和杂乱之间的图案的观赏。单调的图案难于吸引人们的注意力，过于复杂的图案则会使我们的知觉系统负荷过重而停止对它进行观赏。”[③]优秀的艺术作品就在于它能为人们提供一种

变更的结论，这是一种举足轻重的微妙的平衡。作品太单调，观赏者会按照人们日常的生活经验“看——分类鉴别——离去”的过程，迅速将注意移向别的对象。相反，如果作品晦涩难懂，人们无法理解其含义也会敬而远之。好的艺术作品其特征是向你提供足够的刺激，让你做出一些零散的结论，但又无法使你一目了然，每次看都能发现一些新的意义，而这不仅仅是作品已表达的东西，更多的是含而未发，由受众自己从以往的经验中得出含意。“艺术作品具有的含义越是能够长久地保持这种牵动人以往经历的弹性，人们就越能不断地从作品中体会到闪烁着的新的内涵。这种结论变幻的因素是一切伟大作品的共性特征。”[④]

克里木一系列作品的成功与魅力，首先源于他对新疆这片土地以及生活在这里的各族人民的熟悉与热爱。作为一个土生土长的新疆人，是新疆这片神奇的土地养育了他。这里悠久的历史文化，自然与人文景观及各民族的风土人情、生活习俗是他艺术灵感的源泉。为此他所选择的是“具象”的艺术语言。作为一名维吾尔族艺术家，他的思想观念、情感状态、审美趣味与深层的生命意识，无不打上本民族传统文化艺术的烙印，这点体现在他绘画中浓郁的装饰意味上。然而他的气质与个性及其精神需要又使他的绘画倾向于强烈的表现性因素。而几千年来东方文化的积淀所形成的东方艺术精神则如一种遗传基因融入了他的血脉，使他自觉地走上了回归东方之路。从艺术气质上讲，克里木属于个性极强，情感因素充沛的艺术家类型。所以其作品中抒情、热烈、奔放的成分较为突出。造型优美、夸张、简洁；色彩强烈、明快、典雅，作品具有较强

克里木·纳斯尔丁 肖像
65×54 布面油画 1990

克里木·纳斯尔丁 蓝色浪漫曲
80×100 布面油画 2001

克里木·纳斯尔丁 幼儿师范学生
74.5×48 布面油画 1994

的视觉刺激与饱满的张力，并因其装饰性的画面处理而充满生着生命的节奏与韵律。若进一步分析他的作品，我们会从其苦心经营的构图，独具感受的色彩处理，诸形式因素统一和谐的画面综合控制之中，感受到艺术家理性与智慧的光芒。如果说情感是艺术创造的动力，那么理智是情感获得艺术表现形式的条件。克里木认为："艺术家是一种生活方式，艺术是人与人进行精神、情感交流的媒介，艺术作品是人类情感与精神的载体，是沟通已知与未知世界的桥梁。艺术既是人类认识世界的一种方式，亦是人类美好情感的寄托与表现……"。基于这样的观点，其艺术趣味的选择是审美的，个性的表现寓于美感之中，雅俗共赏。这在当今由于艺术观念的多元化而导致艺术标准的非统一性，以及市场经济对艺术的冲击与左右的情况下尤为难能可贵。由于标准的丧失，致使当今的艺术家面临多种选择的困境，同时也增加了更多的可能性。换言之，今天艺术家的选择完全是个人的事，而选择什么则取决于其自设的标准。对于从事绘画创作的艺术家来说，他必须依靠或建立某种信仰，并相信他被赋予了标准，因为没有标准就没有选择，也没有从事艺术的理由。克里木从不故弄玄虚，深刻而不做作，机智而不油滑，谦和而不虚伪。他的艺术正像他的为人：自然、真诚、坦荡、善良。这并非克里木•纳斯尔丁的艺术已完美无缺，因为任何一种风格与选择都有其局限性，正如个性就一个人来讲既包含着"优点"，也并存着"不足"。但克里木的艺术认识也在不断深化，由自发到自觉地选择了回归东方艺术精神之路。以他的修养、学识和坚韧的探索创造精神，相信他会取得更大的成就，有更高的艺术建树。这既是他个人的追求，也是社会对它的期望。

然而 "天妒英才"，1998年5月，出现了克里木生命中极为灰暗的一天。由于突发性的视神经萎缩，他陷入黑暗与混沌的世界。对于一个视觉艺术家而言，这种视觉状况的打击是灾难性的。我们都知道伟大的音乐家贝多芬遭遇过这样的情境。克里木是坚强的，他并没有被这一不幸所击倒，而是以一种豁达的心态面对这一切。三年后重操画笔，完成了《生命的坐标》、《海市蜃楼》等一系列作品。哲学家苏珊-朗格认为

“艺术品表现的是关于生命、情感和内在现实的概念，它既不是一种自我吐露，又不是一种凝固的个性，而是一种较为发达的隐喻或一种非推理性的符号，它表现的是语言无法表达的东西，意识本身的逻辑。”[⑤] 克里木这些新作所触及的深层内涵是经历了生命的苦难之后而达到的一种大华境界。

新疆古称西域，曾经是东西方文化的交汇之处，也是古代丝绸之路的必经之地。这里有深厚的文化积淀和悠久的艺术传统，中国古代画史中的尉迟父子就是新疆人。现存的克孜尔、库木吐拉等石窟则保留了新疆古代艺术的瑰宝。克里木对当代新疆绘画艺术的影响是巨大的，在新疆半个多世纪的油画发展历程中，克里木•纳斯尔丁是最具个人艺术风格的画家。多年来在他身边聚集了很多学生，两年前他又调入新疆艺术学院美术分院任院长。我们可以感受到“西域画派”的雏形正在形成，而克里木则是当

克里木 · 纳斯尔丁 沙漠里的胡杨
80×100 布面油画 2001

克里木 · 纳斯尔丁 冰川水
60×80 布面油画 2005

之无愧的领军人物。

历史已进入21世纪，人类文明的高度发展使地球越来越小，信息传媒的发达使全球间的文化交流与互渗非常的便捷，现存的文化格局及其对立必将为互补与融合所取代。而未来的艺术形态将会具有更多的国际化色彩。但这并不意味着国家、地域、民族性的消失，这些因素将由外在表征转为一种潜在的意识进而影响着每个个体的艺术家。如果说现在的民族性，地域性作为作品的表象可以为人们直接感知的话，那么未来它将作为一种隐性特质，借助于艺术家个性的面貌得以体现。现代主义文化范式向后现代的转换是资本主义后工业社会的产物。伴随着经济全球化时代的到来，中国作为世界格局当中不可分割的部分，必然受其影响。每一个国家、民族都会依赖于它在全球系统中的地位而确认自身存在的意义与价值。对此，任何一个国家与民族都无法回避。但是，笔者以为文化乃至艺术是绝对不可以全球化的，原因很简单，如果当地球上丧失了物种的多样性而只剩人类，试想那将是一种多么可悲的景观。每种文化都有其独特的视觉语言表达方式，并不存在优劣高低之分。纵观人类绘画发展的历程，我们可以看到它经历了一个从混沌到分化的过程，作为人类心灵之造物的绘画艺术始终都犹如人类文明的脉搏，伴随着文明与科学技术的发展。而全球化时代的到来，更要求我们学会理解和尊重多元的人类文化。

注释：

①[美]鲁道夫•阿恩海姆著，滕守尧、朱疆源译，《艺术与视知觉》，中国社会科学出版社，1984，P6

②[德]阿多诺著，　王柯平译，《美学理论》，四川人民出版社，1998，P31

③[英]贡布里希著，杨思梁、徐一维译，《秩序感》，浙江摄影出版社，1987，P18

④　[美]卡洛林-布里墨著，张功译，《视觉原理》，北京大学出版社，1987，P58

⑤　[美]苏珊.朗格著，腾守尧、朱疆源译，《艺术问题》中国社会科学出版社，1983，P25

克里木·纳斯尔丁 玫瑰系列·山
80×100 布面油画 2001

克里木·纳斯尔丁 卷发少女与铜壶
84.5×61 布面油画 1996

famous
【中国名家】
杨尧

杨尧艺术简历

在中南海自己创作的风景前

1941年　出生于湖南常德，广州美术学院教授，中国油画学会理事。

重要美术活动：

1957年　考入中南美专（广州美术学院）附中。

1965年　毕业于广州美术学院并留校任教。

1988年　任广州美术学院油画系副主任。

1992年　任广州美术学院油画系主任，广州美术学院学术委员会委员。

1993年　任首届中国艺术博览会艺术委员并参展。（广州）

1994年　任第二届中国艺术博览会秘书长并参展。（广州）

1995年　任中国油画学会理事。

1997年　任“走向新世纪——中国青年油画展”评委、作品集编委会委员。

1999年　任广东美协油画艺委会副主任，广东油画学会副主席。

1999年　至今任中国美术家协会第二届油画艺术委员会委员。

2000年　任《20世纪中国油画展作品集》编委会委员。

2001年　任“研究与超越——中国小幅油画作品大展”艺术委员会委员、评委、作品集编委会委员。

2003年　任“第三届中国油画展”艺委会委员、评委、画集编辑委员会委员。

2005年　任“自然与人——第二届当代中国山水画油画风景画展”艺术委员会油画风景部分委员、评委。

2006年　中央电视台摄制《中国油画人物志•杨尧》，该专题片2007年7月在央视第二频道播出。

2007年　文化部艺术服务中心组织赴香港考察、写生及创作，为香港回归祖国十周年举办“世纪伟业——中国绘画艺术特展”。

靳尚谊先生在广州美院做示范讲学

主要参展、被收藏作品和出版的画集：

1981年　《牛•农民•土地》入选“广东美术作品展”并获三等奖，广东美术馆藏。

1984年　油画《赤土》入选“第六届全国美展优秀作品展”，广东美术馆藏。

1987年　《静》入选“中国油画展”（上海美术馆）。

1989年　出版《李震天、杨尧画人体》，四川美术出版社。

1992年　出版《广东美术家丛书•杨尧》，岭南美术出版社。

和赖征云、邵增虎先生

2000年　油画《黄昏》入选“20世纪中国油画展”，中国美术馆藏。

2003年　《走进西部》入选“携手新世纪——第三届中国油画展精选作品展”（中国美术馆），中国美术馆藏。

2005年　油画《走进西部系列》入选“自然与人——第二届当代中国山水画油画风景画展”。出版《中国当代油画家风景写生画集•杨尧》，天津人民美术出版社。

2006年　油画《赤土》（130×162cm）获“广东省美协50年经典作品提名奖”。

2006年　油画《艇仔码头》、《崛起》入选“第二届今日中国美术大展”（中国美术馆）。

2007年　油画《乡村小路》入选“精神与品格——中国当代写实油画研究展”（上海美术馆、中国美术馆）。

写生途中

杨尧 阿哥拉的小女孩
50×60 布面油画 2007

杨尧 阿不都和他的孙子
100×80 布面油画 2000

（右）杨尧 阿不都·热西提
81×60 布面油画 2007

[凤池观察]

中国美协油画艺委会委员、广州美院资深教授、油画系老主任杨尧教授以其虔诚的为艺态度和大量具有学术认可度的创作饮誉中国艺术界数十年，特别是在人们大呼许多画家画面日渐式微越画越退步的目下，杨尧教授却能坚持开拓新面貌，融入新血液，敢于否定，敢于破陈，锲而不舍，日渐精进，在艺术的成熟期葆有老树新花的状态着实难能可贵。如果说其早期作品属于传统的写实主义风格，那么在之后的几十年里他更多地取向写意，走向简练，最近几年的创作更是发生了很大的变化，摆脱了画面一味强调构成，摆脱了写实风格滑向呆板，摆脱了“大”而“空”的形式主义，更多地融进了“情”的成分，一方面赋予了创作的激情，一方面赋予了画面的感情，其中，后印象派的画家画作给他的创作以极大的启发，这段时期他将大部分时间放在了画室之外，多次负笈疆藏，北上塞外，卧游河北江南的遗址胜迹，写生成了他执行并完善创作理念的重要途径，而捕捉自然界的生动与鲜活点染了他随形赋彩的灵性。同时，中国传统艺术也给他以极大的启发，篆刻艺术的计白当黑与疏可走马密不透风，水墨艺术的应物象形与传移摹写，壁画艺术的风蚀剥落的苍斑印迹等等开启他广阔的思源，也赋予了杨尧教授风景创作极大的自由和多样化。他的人物创作也从早期的写实逐步向写意转向，按照他自己的话说：“艺术家笔下的人不是图片相片里的符号，而是带有生活气息和人性情味的活生生的人，而艺术家要表现的不单单是视觉上的效果，更主要的是能透过视觉之后去透析刻写对象的情感世界和他们的精神状态，艺术家要有准确的把握首先要深入到刻写对象的生活中去，让画者与被画者两颗心尽可能地贴近。”所以在我们观赏杨尧教授笔下的人物时总感觉着他画面的场景就像我们自己的

杨尧 静 128×149 布面油画 1985

生活一样，既似曾经历，又仿佛遥不可及，曾经历者，是来源于生活，不可及者，是超乎生活之上。在画法上，杨尧教授也一改早期的细腻写实，更多地加入了概括的成分，与其说他愈到后来愈求行笔着色的简练，不如说他愈到后来愈追求线条与块面的质感，细细咀嚼起来，这与印象派逐步向野兽派过度似乎不期然地有着共通之处，而画面上也增添了无限的生动。人谓“右军书法晚乃善，庾信文章老更成”，杨尧教授到了快近人生七十的时候有了这样一个转变，有了这样一个跨越，并且这种新的艺术风貌越来越得到众多前辈大家的肯定，各种重要展览接连邀约，多路藏买家一个接一个的咨询介入，无不是在对其肯定的最好明证。著名评论家殷双喜先生看了其作品时说：“人到了一定的年龄，感情上会回归、怀旧，在艺术上也会有一种回归，回到那种最质朴的一种表达（中央电视台《中国油画人物志之杨尧》）是的，他又回到了质朴平实的风格，回到了单纯简练的手法，回到了对人的终极关怀，这是一种理性的回归，是在经历了种种人生经历和不同艺术尝试之后的回归，此时的创作在艺术手法上更成熟，在思想内涵上更深刻，这正是画家超越自己，又开启未来的地方。”

杨尧 回家路上之二
91×60.6 布面油画 2004

杨尧 雨后 50×80 布面油画 2007
杨尧 暮色行旅 60×71.5 布面油画 2008

杨尧 钉骡掌
50×60 布面油画 2001

杨尧 满达瓦的妇女和孩子
100×80 布面油画 2008

（右）杨尧 农家
80×100 布面油画 2005

杨尧 放学了
70×100 布面油画 2007

杨尧 斋普尔姑娘
50×60 布面油画 2008

杨尧 龟兹小姑娘
71.8×60 布面油画 2001

（右）杨尧 海边的孩子
50×65 布面油画 2000

杨尧 转山
91×122 布面油画 2000

杨尧 新客家妹 55.5×72 布面油画 2008
杨尧 白墙前的红衣喇嘛 55×80 布面油画 2006
杨尧 烟雨独木桥 70×55 布面油画 1995

杨尧 卓玛 73×100 布面油画 2010
杨尧 途中 55x72 布面油画 2008

【中国名家】

吴海鹰

韵致悠深

——吴海鹰的油画

文/迟轲（广州美术学院教授）

吴海鹰绘画的魅力在于情感浓郁，韵致悠深，不但表现在人物形象中，同样也表现在静物与风景中。

1964年在南海的一个小渔港，我认识了吴海鹰。她正在为自己的毕业创作收集素材。当时的印象，她是个不露锋芒而又个性很强的姑娘。很久以后，我更发现她是个情感深细、思路敏捷、在艺术上独立不倚的画家。我知道这些年她是十分勤奋的，可是她出以示人的作品却很少。她在紧张地思索着、探索着、开创自己的路子，而又不相信那是可以轻易得来的。法国画家奥迪朗•雷登(OdionRedon)说过："作画对于业余的'票友'来说，是一种愉快；对于专业艺术家来说是一种痛苦。"——虽然作品上常常洋溢着欢乐与生命的美。

艺术家的难处在于：你不能完全离开传统和同行们的经验，可你又不能跟别人走。吴海鹰有很好的写实基础，但她知道精雕细刻的如实描写，即使是"重大题材"或"伟人肖像"也不能成为很高的美。在她的写实性的绘画里，总是追求一种独特的个性和深远的意境。罗丹说："有性格的才是美的。《红花岗的怀念》中的人物是果决的、严峻的，阔大的线条和深红的背景更强化了紧张感。《瘦姑娘》修长的身材是夸张了的，因而具有特殊的形式效果。她腼腆中略含思虑的面容远非通常所谓的"靓女"，却更觉得耐看。画家以细腻的写实笔法所作的《把黑暗抛在背后》中的宋庆龄，秀雅的容貌中显出坚强和智慧，从人物的安详、欣悦、满怀信心的表情中，更表现了作者长于心理刻画的造诣。大块的带有蓝味的黑色背景与明亮的人物的强烈对比，更增强了画面的力量。从人物与空间背景的关系看，是"虚拟"的、"象征"的、带有"抽象"意味的。而正是这种"抽象"的意味，加强了形象的表现力。《山村》、《井》、《家园》则是一组描绘北国陇西地带的作品。沉寂中萌发出动感、古旧与新生的对照也令人察知岁月流逝和时代的兴衰。

近十几年来，新潮迭起。原来即倾心于印象主义艺术的吴海鹰，更借鉴了后印象派、野兽派及其他现代派的经验。不过她又总是能够坚持自己的艺术目的。她所画的花果，决不忽略它们特有色泽与质感：《黄玫瑰》、《百合》于厚实的颜色和强劲的笔触中，表现了花瓣的轻盈和柔软；《西瓜》、《桃》则显示出饱满的水分。《旱金莲》画面单纯却十分耐看，这不仅由于微妙的色彩变化造成的美感，还由于油画质材的创造性的处理而产生的独特的美感。画人物时则把握其主要的神态：《红衣裳》和《女儿》属于速写或半抽象的作品，但仍然十分生动地保存了人物的个性和精神。

像一切有修养的艺术家一样，吴海鹰十分看重形式的表现力，同时要求"形式与内容的统一"。我们当然不能把"内容"仅仅理解为人物、自然的景象或"故事情节"。"内容"的涵盖是非常广的，它也包括了种种细微的情感变化和艺术风格与技巧的独创性。《窗外》的绿、黑、白，不仅表示了田野和房舍，更表现了"希望"和"喜悦"的情感"内容"。《中国!中国!》背景上放射形和弧形的线条，不但暗示了体育大厅的建筑结构，也表现了中国女排夺冠后欢乐振奋的情绪。

吴海鹰绘画的魅力在于情感浓郁，韵致悠深，不但表现在人物形象中，同样也表现在静物中。

美学家文杜里(L.Venturi)指出，不能认为只有历史画才能表达道德感，杰出的静物画也能表现道德感。这话听来玄虚，其实是有道理的。八大山人的"静物"是有道德感的。艺术既然要表达情感，它就会联系着某种道德倾向。"悲天悯人"、"愤世嫉俗"等情感就联系着一定的道德准则。不剽窃抄袭，说真话，表真情，为了满足观众的审美需要而奉献自己的创造力……，都是合乎道德的。

吴海鹰的画是诚实的、率真质朴的，流露出

对于人、自然以及艺术的温馨的喜悦。无论她画的花果瓶罐甚至墙角的砖石，都灌注了恳切的真情，连她画出古老贫穷辘轳都含有一种尊严感。

正是这种温馨细腻而又深沉含蓄的感情，使她的手法多样的作品——无论是半抽象的、装饰风的、粗放的、严谨写实的，都带有一种相近的特征，都含有一点隽永的诗意。显示出一种独有的风格。

虽然吴海鹰也画夺得世界冠军的中国女排的狂喜场面，也画为理想而献身的女志士的东侠的形象，但即使在这类题材中，她也追求色彩的沉着和结构的简练。就总的倾向来看，她向往于宁静的美。热烈华丽当然也可以是美的，不过，现代都市生活的紧张喧闹，常令人在审美的心理上，更需要澄净安谧的美。我们在吴海鹰的画作上正可以获得这种慰藉。

她的作品的艺术力量恰在于诗思隽永、韵致悠深。

吴海鹰 井 60×70 布面油画 1988
吴海鹰 陌生的城市 60×70 布面油画 1995

吴海鹰 党是太阳我是花
132×108 布面油画

欢迎新战友

吴海鹰艺术简历

1942年8月生于广西桂林，祖籍广西南宁。

1960年毕业于广州美术学院附中。1965年毕业于广州美术学院油画系。1965-1980年在广州市美术公司任创作干部。1980年至今为广州画院专职画家。

国家一级美术师、中国美术家协会会员、享受国务院政府特殊津贴专家。

作品入选第四、六、七、八、九届全国美展，《1991年全国美展》、《中国美术馆馆藏优秀作品展》、《中国油画肖像艺术百年展》、《当代中国山水、油画风景展》、《探索与超越一一中国小幅油画大展》、《中国美术馆馆藏革命历史题材优秀作品展》、《二十世纪中国油画展》、《第三届中国油画展》、《大河上下——新时期中国油画回顾展》、《第三届全国画院优秀作品展》及广东省各届美展。

获第六届全国美展铜奖，1987阿尔及尔世界文化荟萃集体金奖，广东省第二届鲁迅文艺三等奖，1991广东美展金奖，1997广东省美展优秀作品奖，广州市文艺红棉一等奖，1999广东省美展铜奖。“2006广东美协50年50经典作品奖”。

1992年应国际美术研究会及美国圣地亚哥大学邀请赴美讲学考察；1993年、1999年赴法国巴黎国际艺术城吕霞光画室研究考察。

在广州美术馆、香港中华文化促进中心，台北、高雄隔山画馆，巴黎国际艺术城、广东美术馆、关山月美术馆举办个人画展。

作品入编《中国油画》、《中国当代油画》、《中国现代美术全集》油画篇、《中国当代油画》油画卷、《20世纪中国油画》、《中国油画全集》、《中国当代女画家》、《大河上下——新时期中国油画》等典藏。

作品为中国美术馆、广东美术馆、广州艺术博物院、关山月美术馆及海内外人士收藏。

出版有《吴海鹰油画集》、《吴海鹰》、《吴海鹰画集》、《大度的朴实——吴海鹰》。

代表作品：油画《红花岗的怀念》、《山村》、《将黑暗抛在背后》、《中国!中国!》、《西瓜》、《三色玫瑰》、《陌生的城市》、《百合》、《蓝色》、《夕阳》、《岁月》等。

吴海鹰 莫奈的花园 42×56 布面油画 2004

吴海鹰 红花岗的怀念 95×90 布面油画 1984
吴海鹰 中国！中国！100×90 布面油画 1981

我国老一辈艺术家及其他们的探索成果是中国油画艺术发展进程中一颗璀璨的明珠，靳尚谊先生的《十二月会议》《长征》、詹建俊先生的《狼牙山五壮士》、罗工柳先生的《地道战》、陈逸飞先生的《黄河颂》《占领总统府》、冯法祀先生的《刘胡兰就义》、刘春华先生的《毛主席去安源》、侯一民《毛主席与安源矿工》、钟涵先生的《延河边上》、全山石先生的《英勇不屈》、肖峰先生的《拂晓》、张祖英先生的《创业艰难百战多》、张华清先生的《你办事，我放心》、靳之林先生的《南泥湾》、张洪赞先生的《战地黄花分外香》、张洪祥先生的《三军过后尽开颜》、汤小铭先生的《永不休战》、张自嶷先生的《铜墙铁壁》、蔡亮先生的《贫农的儿子》、王霞先生的《海岛姑娘》以及吴海鹰教授70年代初期的《党是太阳我是花》等这些世人耳熟能详的"时代号角"吹响了中国亿万人民，也吹响了中国油画艺术，我们记住这些作品的同时也记住了创作这些作品的人。吴海鹰教授早期的作品属于传统写实主义风格，进入改革开放之后，其创作发生很大的变化，摆脱了早年受主题约束的局限而开始寻求新的表达方式，更多地将心血倾注于自然风景，画家以为，变化万千的自然更能提炼出多彩丰富的绘画语言，优美绮丽的风景更适合于自己恬淡的思绪，疆域无限，奔放自由，奇幻多姿，挥洒自如，尽情而随心所欲。吴海鹰教授的风景作品大多给人以沉静感，在画家看来，沉静更容易抒情，更容易表达一种诗意的感觉。因此，更加耐人寻味，我们从她许多的风景作品中都可以感到她所表达的诗意是一种富有哲理的诗意。从画面角度上看，我们还可以发现，画家将更多的注意力转向对绘画本身素质的追求，语言和要表达的内容高度和谐的统一，尽管她的油画充满了"中国意味"，但她的画更像一首首小诗，尺幅不大而容括天地，三言两语而意味深长，在看惯了大山大水之后，将自己飞扬的思绪置放于一畦的田园，不正是一种恬静优雅的境界么？——"少无适俗韵，性本爱丘山"，吴海鹰教授的画在某种程度上和田园大师陶渊明的诗产生了不期然的共同观照。画家上拍的作品不多，但5拍5中，代表作品《党是太阳我是花》2006年12月17日在广州银通以192.5万成交，足足高出底价的3倍，之后不久的风景《岁月》也拍出了20.9万的不俗市绩，我们不难看出，吴海鹰教授的作品有着相当好的市场认可度，而今将近70的吴老，人艺俱老，正值艺术的成熟期，但因为其作品不多面市，愈发显得弥足珍贵，及时介入应该是一个不错的选择。

吴海鹰 山村 95×130 布面油画 1987

吴海鹰 轧钢车间 20×30 纸板油画 1962
吴海鹰 东纵女战士 110×80 布面油画 1979

吴海鹰 刻苦学习，为祖国勇攀科技高峰
宣传画 1978

在科学上没有平坦的大
道，只有不畏劳苦沿着
陡峭山路攀登的人，才
有希望达到光辉的顶点。
——马克思
刻苦学习，为祖国勇攀科技高峰
KEKU XUEXI WEI ZUGUOYONG PAN KEJI GAOFENG

吴海鹰 乐土 51.5×51.5 布面油画 2003
吴海鹰 黄玫瑰 50×60 布面油画 1989

吴海鹰 冬日 60×70 布面油画 2000
吴海鹰 海边人家 布面油画

吴海鹰 罗平三月 50×50 布面油画 2003
吴海鹰 室内一角 70×60 布面油画 1987

吴海鹰 百合 70×60 布面油画 1995
吴海鹰 红玫瑰 60×70 布面油画 1999

吴海鹰 蓝色 60×60 布面油画 1998
吴海鹰 瓶花 60×70 布面油画 2002

吴海鹰 岁月 90×110 布面油画 2004
吴海鹰 姜花2号 50×60 布面油画 1989

吴海鹰 芙蓉 50×50 布面油画 1989
吴海鹰 玻璃瓶 90×76 布面油画 2001

吴海鹰 小山岗 60×70 布面油画 1997
吴海鹰 绿荫 60×70 布面油画 1993

famous

【中国名家】

李江峰

葵野 我们这代人的生命意象

文/尚辉（《美术》杂志主编）

李江峰的葵野无疑属于我们这个时代的大风景，她摆脱了写实再现的表现手法，寻找用中国画的意象方式拼接我们这代人的心理图景，大笔横扫、宽刷挥洒的写意性用笔和秋阳光色意境的营造融为一体。

李江峰恢弘壮阔的葵野，让我们对土地与生命产生了新的审美认知。

我们这代人对葵花有种说不清的历史情结。“文革”中葵花常常被比喻为少年儿童，这些“祖国的花朵”，长在红旗下，沐浴在阳光里，被作为幸福的一代。红心朵朵向太阳的我们，仿佛人生也因阳光雨露而明媚灿烂。那时，生长在城市里的孩子，并看不到葵花，除了在植物园、公园偶然瞥见的从裸土里窜出的三两株，更多有关葵花的形象记忆都来自影像图片。不过，葵花在我们想象的记忆中的确朴实无华、高大伟岸，和那些娇妖艳丽、婀娜妩媚的花朵相比，更显得蓬勃劲挺、刚健峭拔、浑朴大气。

葵花的这种喻象也许正应合了“文化大革命”时代那种对于“花”的特殊审美需求，是朴素多于艳丽、刚健大于婀娜、伟岸胜于娇媚的审美品格。新时期思想解放运动，破除了“文革”对于美感的禁锢。那是一个美感复归的时代，当我们用鲜花装扮城市、点缀庭院、束饰居室的时候，我们也开始懂得了鲜花娇媚、绚丽、婀娜的美感欣赏。渐渐地，葵花淡出了我们城市审美的视野，只作为农耕文明一种经济作物的种类而成为自然的审美印记。

当李江峰以她的《自然万象》表现葵野的系列作品呈现在我们眼前的时候，她描绘的葵花给了我们另一种审美震撼。确切地说，她描绘的不是三两株葵花，而是耸立峭拔、丰茂如林、漫山遍坡的秋色葵野。她描绘的也不是阳光下闪烁着金黄色花瓣的丰厚葵盘，而是深秋的葵野、坦裸的大地所呈现出的生命枯萎的壮烈景致。她给予我们震撼的既非阳光的明丽，也不是社会性的朝气蓬勃的“祖国未来”的寓意，而是对生命原野的人性观照与人文投射。这些作品，与其说表现的是自然的葵野，毋宁说是通过秋天的旷野对那寒带坝上地区唯一能够成长的农作物的生命礼赞。那其中虽然传递着阳光的温暖，却更多地渲染着画家个人某种悲悯忧患的情怀。这是否也暗示了我们这一代人的成长记忆？而阳光下的葵花与深秋里的葵野所形成的不同意象正是这种成长记忆的形象揭示呢？

出生于20世纪60年代末的李江峰，是成长于“文革”时代的60后画家。相比于50后画家，他们少了上山下乡的经历；相对于70后画家，他们多了些理想主义的色彩。而李江峰偏偏成长于那个时代最经典的生活环境——军警大院，因而那种环境无形之中也增添了她间接的军旅生活的感受与阅历，她由此有机会多次跟随其军人身份的父亲跋涉到承德坝上地区的葵花野地打猎野炊。这段童年生活，对于李江峰的艺术成长是至关重要的。这不仅表现在她最终选择葵野作为自己的创作母题，而且表现在她通过葵野的表现寻找她内心里一直潜藏着的某种狂野的心性。那温厚的秋阳里一株株挺立的葵花，早已淡去作为花朵的娇媚与绚丽，倒活脱脱地似列队军人的肃穆与威武，即使残阳如血、葵盘低垂，那也是英勇悲壮、气吞穹宇。在李江峰描绘的那些自然景致中，所谓的大地、阳光、山边、冬雪、葵野，实际上，都是她个人成长记忆的某种复现和她心灵意象的某种拼接。惟其如此，她的风景才超出了自然的属性，是有关她个人成长主题的这一代人的生命喻象。

风景能够成为一种主题叙述的理由，便在于它蕴含并标志着的一个时代的思想印痕与文化符号。法国巴比松画派对于乡村朴素风景的描绘所散逸出的人文主义情怀迥然不同于罗可可画风传递出的高贵奢华的享乐主义风尚。20世纪中国新金陵画派描绘的“山河新貌”所重新确立的人与自然的关系，也和元四家在江南山水中追求萧散简远的境界大相径庭。这些风景意境和画风的转换，在某种意义上都不是自然对象的变更，而是时代审美思潮的流变形成的不同文化记忆。李江峰的葵野无疑属于我们这个时代的大风景，一方面她摆脱了写实再现的表现手法，寻找用中国画的意象方式拼接我们这代人的心理图景，大笔横扫、宽刷挥洒的写意性用笔和秋阳光色意境的营造融为一体；另一方面则是用葵野的自然原生态性反对现代文明的干扰与污染，并通过自然草木的枯荣探寻人与自然在当代社会中深蕴的和谐统一关系。

李江峰擅于通过她的葵花秋野营构金黄、中黄、土黄、黄褐与熟褐的色相变奏，用草绿、灰绿、墨绿和象牙黑造成背阴的色彩互补，由此形成了她的这些具有表现性的大风景的个性化色彩标志。其实，她的这些风景看起来很繁茂、很粗犷、很狂野、很写意，但也很简约、很细微、很深沉、很朴拙。这些审美品格又无疑是我们这个时代大风景的个人化视角。

从植物学的角度，一切花儿都是植物的生殖器官，葵科的花萼都有大大的孕育多子的胎盘。葵花，也许是当代女性主义艺术家最能说事的形象。但作为女性画家的李江峰没有从当代女性主义的审美视角描绘“她们的”可能具有生殖崇拜的葵花，而是追寻深秋坦裸的旷野里颇具壮烈情怀的葵野，这也许是我们这代人对于葵花所独有的一种理想主义情感的延伸，是我们这代人挥之不去的文化成长记忆。

回过头想想，“江峰”这个名字不仅具有浓郁的时代色彩，而且已在冥冥之中揭示了她气势恢弘的生命意象。

李江峰 自然万象-葵花朵朵向太阳
140×200 布面油画 2010

[凤池观察]

如果我们用心去对中国油画和画油画的中国画家细致地一梳理，你会发现那些耳熟能详的画家画作始终不离我们思绪的前后左右，再重新地过滤一两遍，留在你记忆里总还是那么几个人那么几张画，比如说吴冠中，他笔下勾勒涂写的苍松细柳或者江南塞北的风景风情，诗意总是有的，但中间总留有一种教人欢欣教人喜悦教人产生想到画子里亲身走走的冲动，吴老的风景总会给我们有一种希望，我们在希望中感受到生趣，在生趣中记住给我们希望的人；再比如陈钧德，他经营的画面总能让人生出无限远阔的想象，尺幅有限而景致无边，港湾也好，教堂也罢，水乡村庄，海滩公园，春池秋野，夏夜冬晨，总能把人心揉碎，无意中就有了“天人合一”的幻境，陈老的风景总会让我们陶醉，让我们流连，让我们有一种对旧事故地的追忆；还有尚扬，尚老对艺术的理解实非常人可及，一列“E地风景”响冠整个中国艺坛，也享誉中国的艺术收藏界，他的画面里既有哲人的思考，也有大师的表现技法，既有西画纯正的元素，也富含东方水墨的审美意趣；既有传统深厚的功力，也有时代创新的意念，有传承的积累，更有开新的胆略，不愧是“背叛式的艺术大家”，这当然是这些老辈们的大者神能。稍后一点的戴士和先生，“临颍美人在白帝，妙笔如椽神扬扬”，关怀直指抒写对象的精神内涵，在以样式符号为要旨的所谓当代艺术和以古典写实为能事的传统绘画这两大阵营轰轰烈烈演绎中国油画艺术与市场的格局之外开辟出另一条清新之路，凿錾斧劈，大气磅礴，洋洋洒洒而不拘小节，和当年西风东渐的林老颇有脉络相通之处，只是林老更精于削减变异，而戴公则善于细碎统筹，前者如刀，刀切块面，后者如剑，剑花朵朵；前者朴厚诡秘如雷电，后者轻灵消散若清风，二者之妙，全在性情之为，士和先生当之无愧地成为新中国油

李江峰 自然万象-盛夏 140×200 布面油画 2010

画创作上的一路领军人物，在中年一代乃首屈一指之人物。而至于青年一代，我们细细一数，能为大家所提名共知的也不外乎那么几个，女才俊李江峰毫无疑问是其中一员，《美术》杂志老总尚辉先生说：“李江峰擅于通过她的葵花秋野营构金黄、中黄、土黄、黄褐与熟褐的色相变奏，用草绿、灰绿、墨绿和象牙黑造成背阴的色彩互补，由此形成了她的这些具有表现性的大风景的个性化色彩标志。其实，她的这些风景看起来很繁茂、很粗犷、很狂野、很写意，但也很简约、很细微、很深沉、很朴拙。这些审美品格又无疑是我们这个时代大风景的个人化视角。”而作为创作同行的刘建平先生以为：“每一个人都可以依照自己持有的经验和知识素材进行表达，然而语言和形式及印记之感总是核对你技艺和心智的一个尺度。事情的成败不仅在其技术、思绪和遐想，还有印记感对于这些技术和思想的点化和激活。艺术重要的是自然而然。然而自然而然不是艺术产生的真实过程，过程是无数艺术问题在多个方面的集结，是一种语言，一个细节对这些千丝万缕的归拢。在这种归拢中，印记或者纹理的闪光使我们体会出艺术家的心性和艺术过程的由衷。李江峰非常在意她的葵花，这说明她非常清楚自己的内心，清楚自己的如梦图画和心弦之音。”像吴冠老之于江南红树，陈钧老之于亭台港湾，尚老之于E地，戴公之于葱岭，李江峰则选择了葵野，一样挥洒出率意与才情，虽年轻而成绩斐然，其一，全国各级展览的一次一次接连入选与获奖保证了学术上的认可度；其二，许多地方的财团、机构、个人一次一次接连邀请去写生、创作取得了投资人或藏家的青睐。而这学术与市场两方面都来自于画家对作品的认真负责，同时在精心慎为的基础上，李江峰一直保持着睿智的思考和对画面语言不一般的捕捉提炼能力，展示出一个优秀艺术家非凡的才思才情。想来上面所列举的前贤高人，他们在年轻之时一定都有过各自的过人之处，才成就了今天的辉煌，若以此来观此时的李江峰，我们没有理由不相信她将来在画画之路上一定会走得更远更广。也正因为这样，李江峰的作品才具有相当的可投资性，虽然现在她已经有了很好的市场表现，平均价2万/尺上下，将来指定倍翻，单件作品突破百万大关应该不是什么难事。

李江峰 自然万象-葵花盛开 180×160
布面油画 2008

李江峰 渔舟唱晚之二 70×100 布面油画 2009

李江峰艺术简历

1969年11月冬生于河北省承德。现为副教授，中国美术家协会会员。现居北京。近年有多幅作品参加国外大展并获奖，国内多家媒体专题报道，并被国内外多家机构及私人收藏。

1993年 在中国美术馆举办第一次个人画展。作品《黑瓶》被中国美术馆收藏，《向日葵》被中国文化部对外展览公司收藏。《高原情》、《蓝色山坡》入选中国黄河画展（中国美术馆）。《古瓶情》入选第二届中国油画年展(中国美术馆)。

1994年 《向日葵2》入选北京油画展(北京)。《94静物6号》入选第八届全国美展优秀作品展，获二等奖。《静物》入选第二届中国油画展(中国美术馆)。《古瓶情2》入选中国首届油画静物展(中国历史博物馆)。《坝上情》入选中国油画双年展(中国美术馆)。多幅作品参加美的应邀展(台湾)。

1996年 《皖南1995》入选中国首届油画展（中国美术馆）。

1997年 参加中国名人油画邀请展(青岛)。《土陶家族》入选走向新世纪中国青年油画展。

1998年 参加中国当代青年油画九人作品展(中国美术馆)。举办第二次个人油画展(北京)。

1999年 参加中国名人百人小油画展(中国美术馆)。

2000年 《玫瑰故事》参加中国艺术家展(香港)。赴欧洲进行艺术考察，并举办中国艺术家五人展(意大利)。多幅作品参加来自欧洲的消息作品展(上海)。

2001年 入选中国小幅油画邀请展(中国美术馆)。

2005年 参加中国当代十人油画展(青岛)。《大地》入选中国画、中国油画风景大展。

2006年 《公路在这里拐了一个弯》入选中国百家金陵杯油画展。《绿色大地》入选研究与超越写实油画展。

2007年 《自然万象—冬雪》参加首届青年百家油画展，获优秀作品奖(上海美术馆)。作品《皖南三月春》参加第四届中国西部大地情—中国画、中国油画展，获铜奖(西安)。参加表现与书写—当代油画家九人展，作品《自然万象-秋实》被中国美术馆收藏。

2008年 《皖南三月》入选油画写生展。2008年北京国际双年展参展作品被中国美术馆收藏。《自然万象-早冬》入选中国现代油画—拓展与融合(中国美术馆收藏)。《自然万象-紫色》入选第三届全国青年美术作品展。

2009年 《自然万象—正午阳光》入选十一届全国美展获奖提名展。

2010年 《大地瑞雪》入选2010中国女性艺术大展。《天高云淡》入选“研究与超越—第二届中国小幅油画作品展”。

李江峰 葵花大地 160×110 布面油画 2008

葵花之画

文 / 刘建平（中国油画院著名画家）

多年前，李江峰选了晾干的花入画——在花和画中，她斟酌形式意味和造型关系。斟酌自己感觉系统的纹理特征。

我们之所以把艺术的形式学习看得很重要，是因为常常由于形式的关系，我们才得以回到现实和回归自己。换句话说，李江峰选择晾干的花起源于对形式语言的兴趣，接着由于形式的问题，才有对于现实形象和现实关系的注意，才有对于自己性情和感觉世界的自觉，才有“灵魂深处”的印记被唤醒和记起。

她先画了晾干的花，后来才画了生长的花，田地里，风中的、飞扬的、虚和实的花。最近，她画葵花。

她的葵花是河北承德城中房前屋后，或者乡间广阔原野的葵花，这些儿时葵花，或许就是感觉本身或称有了“印记”的花，她后来一定看到无数。对她而言，葵花是形式又是内容：从形式看，葵花是她一以贯之的书写与表现；从内容看，葵花则是唤起她不尽思想的印记之花，在心底绽放。长期以来，艺术的内容和形式一直是创作者要想说清楚的问题。然而，在今天的李江峰这里，不说也是非常清楚的事情。李江峰看重画，同样

李江峰 自然万象-天高地厚 180×320 布面油画 2009

也看重花。

印记是形式也是内容，是感觉也是感觉系统的密码，关于艺术家自我的自觉，有赖于一个漫长的形式认识历程，有赖于生活和思想经验，有赖于表达和语言经验，也有赖于感觉和心性之弦不停息的颤动。艺术家，点画他的所知所感，究竟哪些要画，画了哪些——表面上形式和材料的实验，其实是反复纠缠我们的那些思想、意识和情怀的实验，是对于一种感觉类型的实验，是一种印记语言方式的实验。每一个人都可以依照自己持有的经验和知识素材进行表达，然而语言和形式及印记之感总是核对你技艺和心智的一个尺度。事情的成败不仅在其技术、思绪和遐想，还有印记感对于这些技术和思想的点化和激活。艺术重要的是自然而然。然而自然而然不是艺术产生的真实过程，过程是无数艺术问题在多个方面的集结，是一种语言，一个细节对这些千丝万缕的归拢。在这种归拢中，印记或者纹理的闪光使我们体会出艺术家的心性和艺术过程的由衷。

李江峰非常在意她的葵花，这说明她非常清楚自己的内心，清楚自己的如梦图画和心弦之音。

我的小学教室由天主教堂一分为三隔成，我的座位左手是沉重的木门，打开了门的门廊直对钟楼，钟楼后面是总共四棵高大杨树中的其中两棵，镶嵌着灰白天空——这一遥远片段的所有细节成为我小学时代的最清晰印记，对我而言，那时候的明亮灿烂之具体性和这样的图景形象牵扯在一起。毫无疑问，这一形式与李江峰的葵花之画相去甚远。然而此时是画上的葵花唤醒了它，它又唤醒我，使我易于体会葵花之画的语义和意念，易于体会李江峰用心的地方。

李江峰 自然万象-夕阳葵花 150×150 2008
李江峰 自然万象-冬雪 200×200 2006
(中国首届百名青年油画展优秀作品)

李江峰 桥下风景独好 140×400 2008
李江峰 皖南三月春 70×140 2007(第三届西部大地情铜奖)
李江峰 自然万象-西风古道 180×320 2009

李江峰 甘南路上风景 110×150 2009
李江峰 大地晚秋 140×200 2007

李江峰 自然万象-收获 200×200 2008
李江峰 自然万象-紫色 200×200 2008

李江峰 自然万象-秋高气爽 140×200 2010
李江峰 皖南三月菜花香之三 65×80 2010

李江峰 自然万象-硕果 160×180 2008
李江峰 右玉古城楼之一 65×80 2009

李江峰 自然万象-昔日古城 140×200 2010
李江峰 皖南三月菜花香之四 65×80 2010

李江峰 付家沟 65×80 布面油画 2009
李江峰 侗乡人家 80×60 布面油画 2008

李江峰 自然万象-山边葵花 160×180 2008
李江峰 葵花朵朵之十 65×80 2010

李江峰 自然万象-紫雾 200×200 2010
李江峰 自然万象-青葵 200×200 2009

李江峰 自然万象-秋分 140×200 2010
李江峰 皖南四月春之二 65×80 2010

李江峰 劈开的果蔬-1 100×1002007
李江峰 劈开的果蔬-5 100×100 2007

李江峰 自然万象-夏至 140×200 2010
李江峰 皖南三月菜花香之一 65×80 2010

李江峰 劈开的果蔬-7 100×100 2007
李江峰 劈开的果蔬-4 65×80 2007

李江峰 大地早冬-1 140×200 布面油画 2007 中国美术馆藏

李江峰 葵花朵朵之八 65×80 布面油画 2010

李江峰 皖南三月菜花香之二 65×80 布面油画 2010

李江峰 皖南四月春之一 65×80 布面油画 2010

famous
【中国名家】
赵晓佳

让我们的工作更具有现实精神

——谈赵晓佳的几件作品

文 / 王易罡（鲁迅美术学院教授 著名艺术家）

赵晓佳作品的特点也就在于他所选择的视点角度的不同，才吸引着我们深入地品读他绘画中的内容。

进入90年代之后，中国许多人都在确立自身价值，对自我的认可和对新事物的包容，都从感官上把这个时期的文化渲染得带有一点个性色彩，人们已习惯对各种展现方式的认可，习惯于嘲笑、幽默和批判，也开始把这些作为多元文化下的一个侧重点，各自用不同的方式从自我的角度介入中国当代文化之中，寻求各自的位置。80年代西方现代艺术对中国文化的影响促使一部分现代青年人对西方文化的追求。这一代人由于处在历史和社会的转型阶段，也由于激发了他们对新事物的渴求，只要是新鲜的能刺激他们欲望的东西，都要学着尝试模仿和理解。随之而来的是逐渐确定自身的位置，个性的施展是确定这个位置的最有效手段，因为他们信仰只要人有个性，生活才变得有生气，艺术才会有活力，如果这个个性与生活发生矛盾之后，这部分人会毫不犹豫地选择个性来展示他们的独立特征和与众不同。只有如此，才能在艺术上有足够的空间发挥，这就是这一代人的追求，当他们在社会中有了自己的适当位置之后，这种个性生活的影响力甚至会使我们的传统观念发生改变，在这同时这种行为方式也会遭到别人的冷眼看待，因为长期的习惯正在被去掉，一种更新的方式在逐渐地形成，当我们感叹传统被忘记甚至被看不上眼的时候，这是我们的周围正在发生着变化而且这种变化将影响至深。把一种观念逐渐变成一种习惯的同时，社会就完成了它自身的转型过程。这就是发展的变革，也就是文化的进步。

艺术文化这几年来受西方现代文化思潮的影响，不仅在现代中国人思想意识中留下许多深深的痕迹，而且当我们面对这个多元的世界如何理清自我情绪，控制思想的放任自流也是我们今天艺术家首要解决的问题。在感情的冲动中保留一点理智，在西方文化的激情中寻找我们自己的判断，这样我们的整个身心才得以保留，自我感觉才得到满足。今天的青年人很会利用视觉来制造感官效果，视觉问题在他们看来变得比较随意化，甚至游戏趣味化，那么这种与传统的不同也在这里体现了出来，观者也正是从这一点入手来体会作者的与众不同和独特这处。

赵晓佳作品的特点也就在于他所选择的视点角度的不同，才吸引着我们深入地品读他绘画中的内容，他不是把视觉集中在某一个人物或者一个单纯的物体之上，而是让观看者体验一个场景，一个我们日常生活很难看到的景观。这种景观可能是一个在某处高层建筑之上看到的我们城市的面貌。作为个体的观者会被一种强大的压迫力排斥在画的外面，感受到城市的拥挤冷漠和孤独。体验到我们自身自下而上环境的窘迫，人在城市发展面前自我能力的弱小，这就向我自身提出了个性与共性认可的矛盾差别问题，当个性日益膨胀，与自下而上环境发生对峙状态，个性的存在显得无能为力，警告人类在自我不断扩张的同时要注意和关心我们城市的环境，个性与共性这一对矛盾在此体现得比较突出，任其一方随意发展都将导致我们家园的毁坏。而作品中城市的形象也正是我们人类整体形象的写照，灰色与毁灭的发展正在走向某个极端，或者正在被某些东西所取代，人们生活在这种环境下，个性意识的压抑和情绪的厌烦都来自于我们周围环境的影响，环境也正在逐渐地改变人们的心理和生活的观念，当环境问题被人们所意识到、被看重的时候，城市正在进入一个新的时代，承受着新的压力，城市的负担寓示着人们将要面临一个新的考验及对新问题解决的勇气和

决心。它的兴与衰如同我们自己的命运一样经受着冲击和所有的选择努力。当然这同时也暗示着一种新生命的诞生和希望的到来，新陈代谢是自然的运动规律。规律是无法改变也难以控制，人类面对挑战也面对变化着的自然，只有适当与协调和他们之间的关系，才有可能达到双方的共存，这也正好是生活在今天都市中人们所面临的问题。当这种矛盾产生的时候，作为一个有责任的人面对它要采取积极的态度，回避只能让生活变得失去意义。这也是当代职业艺术家的责任和义务，因为他们是一群生活在今天环境和社会之中的社会人。

赵晓佳在鲁美油画系第二工作室学习时，我就看到他的一系列反映城市与工厂的作品，与之一起的还有一些油画人物作业。在那时，他的视觉已变得让人看起来有点尖刻，他把人物形体画得比较残酷，虽然看起来绘画风格上有点受弗洛伊德的影响，从人物安排的选择上、语言的表现上有些近似于直接的模仿，但是从整体感觉上他还是正在逐渐地寻求一种不同的表现方式。值得让人高兴的是作为一个学生他明确了自己的学习方向，尽可能地用一些与众不同的方式来实践自己的作品，选择一些在别人眼里司空见惯的形象，在其中抽取对自我表现有益的符号。可以说在这段学习期间，他对在形象的表现性尝试中有些收益，在这些现象的背后也体现着他性格特征的一面。它最近一些作品在表现手法上和语言处理上更显得成熟，而且对工厂这个母题更执著地坚持着，在一些画面上出现了象征性的符号，“塔在传统的文化符号中是男性生殖崇拜的化身，在一定程度上是我感受了后工业时代处境中生命落寞的结果，物质化身的彩电已成为后工业时代的对象，一个不容置疑的强力中心”（引自赵晓佳笔记）。这种象征性给他的画面带来一种宗教式的不安、恐惧、紧张的状态，这种情绪来自他自身对眼前生活场景的感悟，作为一个个体，人在广阔的大工厂场景中是多么渺小而又多么无法把握自身，把人的情绪寄托在我们城市的兴衰之中，这种恐惧症是处在中国目前社会转型期大众普遍带有的心态特征。他作品的益处是把自我个体的无助架接在城市群体之上，把个性意识转化为一种普遍意义的大众共性之中，使一种观念更具有社会代表性。

《寂寞大工厂——灰色大风景》一种横幅类似于全景画的构图，映入眼帘的是拥护的城市主楼厂房建筑，无秩序地排列在一个相对有限的空间中没有绿化、没有广告、没有拥护的人群与车辆，仿佛它与现代文明失去了联系，是废弃的还是无限增长所形成的掠夺，我们无法说清，但是一个重要的问题提醒着人们看清了我们生活空间中的真实面貌，原来这就是我们居住的环境，难道这就是我们自己建造的家园吗？灰色的运用，使得这种感觉变得更凄凉，厚重的油料重叠出现了肌理效果，使眼前的建筑物带来一点历史的痕迹，在笔触来回的运动过程中不确定地流露着一种飘忽不定的心态。似乎是在记忆中的城市家园。前景中的暗红色楼房让人联想到曾经辉煌过的年代印象，那种建筑的造型明显带有60年代的整体风格，体现出了在那个"变革"的年代，让人心碎的日子，个性受到摧残的时光。画面里所有的建筑物造型都传达着一个信息，就是这个城市不再年轻，而且正在走向衰退。画面地平线强烈的具有表现性的挥洒流露着作者对过去的留恋情怀，仿佛是城市的最后谢幕。在视觉中心位置一个高塔耸立在中间，这是唯一能带给人希望的支柱，它突出于所有建筑物之中寓示着城市未来，在它下面一个极有表现性的红色符号，象征一个沉重的音符，强烈地刺激着我们的心理，给整体形象增加了悲壮，灰色的天空使人的这种心情变得更沉重，整幅画面具有很强的表现力，而且这种表现性体现得较完整。此幅画与早期的同样题材的画相比加强了情绪的表露，使得情感发挥更自由，包括画面中每一个符号的运用及表现都让人感觉画面的语言比较明确，在客观与情感之中，个性与共同之中寻求自我的解脱。

《梦工厂——火烧圆明园》、《失火的工厂2号》这几幅作品画面语言的表现力显得有

赵晓佳 寂寞大工厂 130×260 布面油画 2002

赵晓佳 寂寞大工厂 150×170 布面油画 2000
赵晓佳 寂寞大工厂 200×150 布面油画 2005

赵晓佳 垃圾场 No.2 180×400 纸板油画 1999

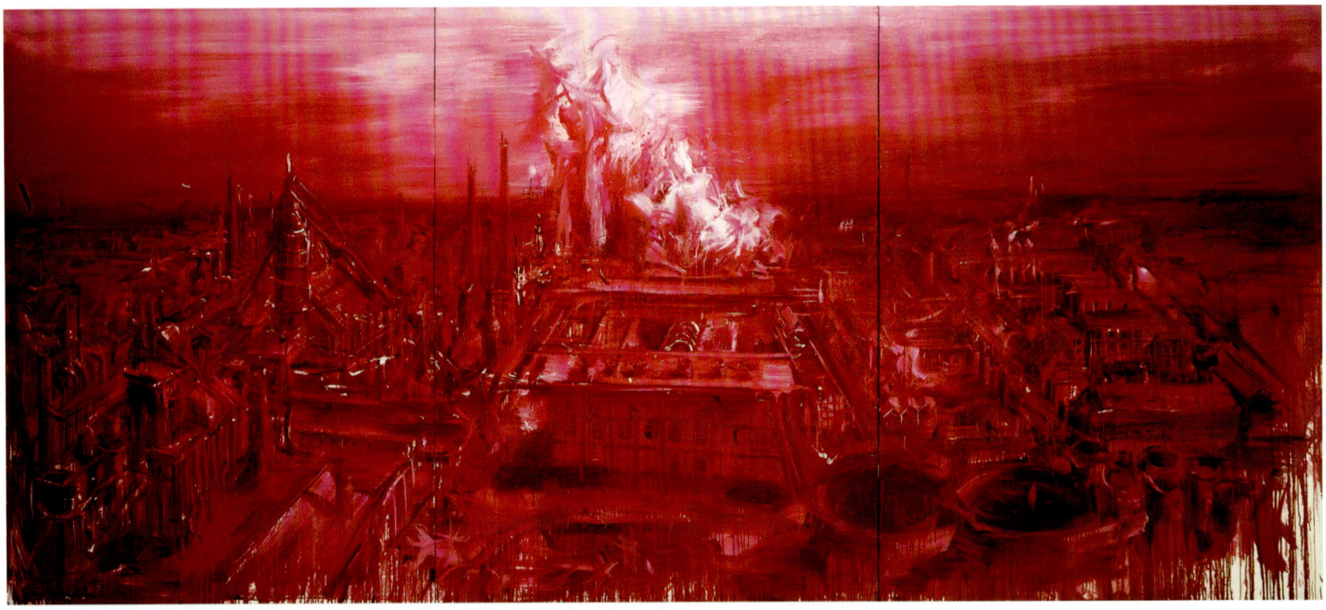

赵晓佳 寂寞大工厂 200×450 布面油画 2005

点沉重，所描绘的场景变得有点破坏性的感觉，色调也更低沉浓重，随之而来画面语言的随意性显得更强些，挥洒更自由。作者认为“在这儿我无意于体现‘悲剧’或‘崇高’，仅是出于理解和纪念，对劳动永恒的纪念，为了忘却的纪念……”这些虽然表现了作者单纯的思想意识的一面，但作品却由此介入到某一个位置点中，带动人们理解我们默默的生存状态，仅从画面语言的表现上，其表现欲望更加明显，工厂与街道变得模糊不清，画面的构图不是十分稳定。《梦工厂》中的几条斜线冲入画面给整幅作品带来一种运动的势态，浓重的褐色在厚重的笔触涂抹中产生出笔道与色彩的沉稳效果似乎让人感觉到过去留下的痕迹和对失去的怀旧心理。但是激动的画面构图也暗示着一种变化中的残酷性，焦灼感的泥土充斥着画面主要的形象位置，把一些厂房式的建筑物和一些工厂的烟囱连贯地交织在一起共同来完成对画面的表现作用，物体的生活意义也改变为具有象征意味的符号特征，而且各自又具体地承担着对作者情绪的寄托作用，在整幅画面上很难分清具体的物体特征，所替代的是一些流动的线条、笔触及一些厚重的颜料物质，个别地方有点像颜色的垃圾堆在一起，线条慢慢地蠕动着各种情感符号交替运用，自如地显露着个性特点，从这些画面形象中体现着作者对一些问题的关注。值得一提的是他把个人的情感与社会的发展联系在一起，这是值得认可的东西。纵观赵晓佳这段时期的作品，对语言的尝试占主要因素，但是从所选择的艺术角度上来看，同时代表着他一种心态的流露，这也是这一代画家在社会变革中的真实写照，与以往的方法不同的是他报道视点集中在过去不被重视的问题上，从一些现象中得到启发，寻找焦点问题，来满足画家的表现欲望，同时来触动观者的情感关注点，使之一起来重视和关心我们周围环境变化，使我们的工作努力变得有意义，画面也更具现实精神。

赵晓佳 寂寞大工厂 260x130 纸板油画 1999

赵晓佳艺术简历

1970年生于辽宁省锦州市。毕业于鲁迅美术学院油画系第二工作室。中国美术家协会会员、辽宁省美术家协会理事、辽宁省青年美术家协会理事、锦州市美术家协会副主席、锦州市油画学会主席、辽河画院职业画家。

获奖：

2005年 “自然与人—第二届当代中国山水画•油画•风景画展”中国油画学会佳作奖

2001年 首届“爱我中华”全国美术大展银奖

1999年 第九届全国美展铜奖

个展：

2009年 “尤物”赵晓佳个展（北京高地画廊）

2007年 “晓佳小画”（北京高地画廊）

2006年 “焦虑的大工业风景”（北京高地画廊）

2002年 赵晓佳小幅油画展（上海陈凡画廊）

2001年 赵晓佳油画展（上海陈凡画廊）

2000年 赵晓佳素描集首发式暨素描作品展（上海陈凡画廊）

1998年 赵晓佳油画作品展（辽宁）

1997年 赵晓佳素描作品展（辽宁）

联展：

2009年 “中国当代艺术作品展”（捷克国家美术馆）；“意派—世纪思维”北京今日美术馆）；“白雪黑土”—70年代东北青年艺术家联展（北京和静园艺术馆）；“东北火锅”—2009 ACEA首展（北京高地画廊）

2008年 “转折点”—新现实表现绘画展（北京成乐轩）；“笔触”—和静园艺术馆收藏展（北京和静园艺术馆）

2007年 “追补的历史”—馆藏中国当代艺术作品展（广州广东美术馆）；“现实非现实”当代艺术展（北京高地画廊）

2006年 从“极地”到“铁西区”—东北当代艺术展（广东美术馆）；“废墟上的舞蹈—东北当代艺术展”（广州•北京•德国）；“辽河画院职业画家作品展”（盘锦）；“南北方艺术家交流展”（上海）；“写意与抽象北京”

2005年 “江山如此多娇”（北京）；“看不见的战线”（辽宁•上海）

2003年 “携手新世纪”第三届中国油画展（北京）；“新绘画的精神”（辽宁）

2001年 自由.自在.体验（北京）；“第九届中国美术获奖展”（韩国）

2000年 “现代中国美术作品展”（日本）

出版：

2009年 《尤物》北京中景国际文化艺术有限公司

2007年 《晓佳小画》人民美术出版社

2006年 《赵晓佳1994-2005》黑龙江美术出版社

2001年 《赵晓佳油画集》上海陈凡艺术品有限公司

2000年 《赵晓佳素描集》湖北美术出版社

赵晓佳 寂寞大工厂 200×200 布面油画 2002

[凤池观察]

连续多年在中国艺术品市场上取得不俗市绩，目下又引起南北多路投资人的热切打探，辽籍年轻画家赵晓佳这阵子可谓是炙手可热的红人。05年《寂寞大工厂》在上海长城首次进入拍场以来，一路稳健上扬，25投24中，以近乎百分百的成交比率演绎着个人火红行市；今年5、6两月，《一件》迷情，一件《黑色工厂》，分别在北京华辰和中拍国际双双奏凯，纷纷越过20万，而私下里在悄悄寻访晓佳之作的藏买家也不在少数，北京有之，上海有之，广州有之，沈阳有之，太原有之，香港有之，海外同样有之。赵晓佳正越来越逼近他个人俏市的新一轮高峰，伴着他酣畅淋漓的画面和茁壮有加的创造力，赵晓佳的未来行情无疑会渐强开大，他的大工厂也会随着好市连开的景状走进更多人家里。近年，很有可能单件过百万，而这些显然与其作品的市场认可度密切相关，当代艺术教父栗宪庭先生说："我很喜欢赵晓佳的大工业风景画，最让我感动的，是他作品中创造出一种极度的焦虑感。整个画面象在极度焦虑、压抑和愤懑中一气呵成，痛快淋漓的宣泄；使每一个笔触都包含了炽热的情绪。赵晓佳在大工业城市-沈阳生活过许多年，眼看着昔日蒸蒸日上、热气腾腾的大工厂一个个地变成废墟。成千上万的失业工人，挣扎在衣食无着的边缘，另一面却是灯红酒绿，物欲横流，这种生活图像的强烈对比，刺激和折磨着有社会良知的艺术家，使赵晓佳能够创作出这样充满焦虑的作品来。他的工业风景基本采用黑色和红色的调子，黑色既是大工业风景的衰败、废墟和黯淡，也是艺术家生存在这样一个环境里的内心压抑和痛苦。红色既是大工业风景的动荡、挣扎和燃烧，也是艺术家体会到这个时代的热血、怒气和焦灼。这不是对大工业风景的客观描写，而是艺术家由衰败的工业风景及其相关生存环境，抒写出的焦灼意象。"细细品味起来：赵晓佳的画向我们展示了一个个全景式的大工业的场地构图，代表的是一个过去的时代。它们曾经辉煌过，但现在它们已经成为一片被阴云笼罩的废墟。那些东倒西歪的形象，那些狂乱交错的笔触，还有那倾斜的地平线，平添寥落和衰败气氛。在这样的图景里面隐藏了赵晓佳个人经历和记忆，而正是画家的这些经历和记忆，构成了赵晓佳作品中的隐形代码。

赵晓佳 寂寞大工厂 200×330 布面油画 2005

赵晓佳 寂寞大工厂 150×200 布面油画 2002
赵晓佳 寂寞大工厂 150×200 布面油画 2002
赵晓佳 寂寞大工厂 150×200 布面油画 2002

文明上的废墟

——读赵晓佳的画

文/易英（中央美术学院教授 《美术研究》社长）

赵晓佳这样年轻的艺术家，能够从他的个人经验中来思考问题，而且找到了自己的表达方式，在当今的青年艺术家中，在后现代主义条件下，他走出了一条自己的路，这条路不是一个单纯语言的问题，而是一种思想的深度。

中国当代绘画越来越进入一种后现代状况，传统的绘画与语言（包括古典的与现代的）正在被消解，那些语言无法言说的东西正在被新的语言方式言说出来。当一些人还在媒介、材料，甚至风格中游疑的时候，另一些人却从具体的生命体验中，从生活的边缘中领悟到了生存的紧迫问题。他们面向社会言说，不是展示一种技能或风格，也不是客观地记录或再现，而是从个人的体验中引申出思想，真正进入到精神的层面，在对个体经验的超越中直面现实与精神的危机。更为重要的是这种倾向不是艺术家对题材的选择和风格的转换，不是一种观念的转变，而是有直接体验了后现代状况的新一代人所言说出来的。赵晓佳的艺术就给了我们这样的提示。

赵晓佳的画向我们展示了一个个全景式的构图，这个图景是一个大工业的场地，但却是一个过去的时代。它像一片被阴云笼罩的废墟。我们可以在这样的图景中隐约感受到一种现实性，因为它又是可辨认的东西；但它又不是客观地再现。那些东倒西歪的形象，那些狂乱交错的笔触，还有那倾斜的地平线，都是画家个人的感应，是画家眼中的世界。在这样的图景里面隐藏了赵晓佳个人经历和记忆。这种经历和记忆可以分为两个部分，一个是他童年的记忆，他是在这样一个工业环境中长大，对于工厂的环境，厂房、机器、管道、烟囱等有特殊的感情和印象。如果他是带着对童年的欢乐的记忆，他可能会把这些厂房、管道、马路等作为形式的构成来表现，这确实也是很多画家采用过的方式。第二种经验则是来自现实的生活，当他在选择题材的时候他突然发现这种记忆是一种痛苦的记忆。曾经作为一代人热情歌颂的题材现在失去了活力，工厂不再代表文明与进步，它反而代表着一种落后、障碍、贫困。这应该直接来自他的个人经历，他生活在这样的老工业基地，目睹了更多这样的现实，破产、停工、下岗、失业……，这些事情可能就发生在他的周围，也会直接影响他对现实的认识，这两种经历交织在一起，构成了赵晓佳的《寂寞大工厂》系列的显性与隐性的信息代码。

在早期现代主义艺术中，工厂、机器、街道、都市等题材，一度风靡立体派、未来派、漩涡派，在波乔尼、德洛内、莱热等人的画中，机器成为工业浪漫主义的象征，工业文明被设想为一种无限的可能性。然而，历史翻过了凯歌行进的一页之后，却展示出工业化进程的另一面。工业文明带来的不仅是文明和进步，它像一个怪物，一手创造着进步，一手又毁灭着自己的生存。莱热的画是有象征性的，他在赞颂机器的伟大力量时，也把人物化为管道与螺丝钉。人被异化为物，异化为依附于机器的零件，毕加索的《格尔尼卡》同样喻示了人类创造的现代战争机器对人本身的毁灭，这种观念在后现代主义条件下愈益明显。赵晓佳的画同样经历了对工业文明的赞颂与困惑，但他是出自自身的经验，它像一个目击者和参与者一样经历了工业化的辉煌和衰败。他面对这寂寞大工厂的时候，他想到的可能是工人的下岗、贫困与失业，与昔日的辉煌形成巨大的反差，不仅是一个城市进入了死寂，还有着精神上的失落，因此空寂的厂房对他来说就像一片死寂的墓地，它埋葬了美好的记忆和理想，而精神上的失落更使得它像现代文明的葬礼。

如果没有个人的经验，赵晓佳可能没有这样的意识，问题在于赵晓佳是在描述自己的经验吗？他是描述那些下岗的工人吗？我们从他的画中可以看到一个过程，也就是说他有一批画我们还感觉不到废墟，即文明的

赵晓佳 寂寞大工厂
54×39 布面油画 1994-1995

赵晓佳 寂寞大工厂 150×200 布面油画 2002

废墟，或现代文明的废墟。在那些画中，他好像是在遥远的地平线上展开的工厂的图景，远处是一片光亮，尽管不是在歌颂，而是在对经验的如实地记录。在地平线的尽头，仿佛有一座虚幻的金字塔，在召唤着工业浪漫主义的理想。他被一种宏大的场面所感动，这个场面唤起他童年的记忆，他像拜物教一样对他充满崇敬的心理。但现实无情地摧毁了他的这种记忆，在面对着现实的时候，他可能不再认为这种机器具有浪漫主义的情怀，不再是一种理想主义的象征，它反而成为吞噬人性的坟墓。所以他把这种记忆转变为现实的思考。问题是他并没有停留在如实地记录上面，可以看到他的画逐渐由机器的拜物，又对工业文明的敬畏，转向了对它的沉思，一种困惑与茫然的思考。他的地平线开始倾斜，在画中越来越缺少色彩、只剩下黑白两种主要的颜色，而这机器、厂房、街道也变得模糊不清，位置在相互交错。这种黑白的感觉像一个噩梦，人陷在里面像是无法逃避的。这样他从一种机器的拜物转向对文明的思考和疑虑。他自己就好像处在这个噩梦中间，是一个逃脱不出来的个体。

赵晓佳有一幅画直接命名为《泰坦尼克号》，工业文明像一个庞然大物，是人类一手制造出来的，当它要毁灭的时候又是任何一个个体都无法抗拒的。赵晓佳在这儿找到了一个矛盾的切入点。他的个人的经验，他从小生于斯长于斯的这样一个环境。他早期的绘画，采用现代艺术的手法表现了现代工业的场景，充满了对工业文明的敬畏，这是一种个体的象征，当灾难来临的时候，当人类一手制造的文明像“泰坦尼克号”那样沉没，并毁灭人的生命的时候，个体是无助的，孤立的，他被自己制造的文明所毁灭。这样赵晓佳就从他的个人经验中走了出来，上升到一个理性的阶段，对于文明的反思，对于工业激进主义的批判。我们从他的话中看到了基弗那种画的感觉，基弗的画在80年代是对冷战、核战的思考和反应，是文明的机器碾过大地以后留下的废墟，我不知道赵晓佳在何种程度上受到基弗的影响，但是他和基弗不一样的是，基弗的艺术可能是来自于一种对于冷战前沿的个人体验，赵晓佳是从一种最日常生活中的体验，他把这种体验上升到这里的思考。

使我们感到非常欣慰的事，赵晓佳这样年轻的艺术家，能够从他的个人经验中来思考这些问题，而且找到了自己的表达方式，当然我们还可以具体地分析他的作品，分析他的构图，他的样式，在当今的青年艺术家中，在后现代主义条件下，他走出了一条自己的路，这条路不是一个单纯的语言的问题，而是一种思想的深度。已经有一批青年艺术家正在往这个方向发展，赵晓佳应该是大有希望的。

赵晓佳 寂寞大工厂 130×90 纸板油画 2000
赵晓佳 寂寞大工厂 140×160 布面油画 2001

赵晓佳 大工业城市 80×80 1994
赵晓佳 寂寞大工厂 190×200 1996-1997

赵晓佳 垃圾场 150×300 布面油画
赵晓佳 寂寞大工厂 200×360 2003
赵晓佳 寂寞大工厂 200×330 2005

赵晓佳 寂寞大工厂150×150 1998
赵晓佳 寂寞大工厂 190×200 纸板油画 1996-2005

赵晓佳 寂寞大工厂 150×300 2004
赵晓佳 大工业城市 160×300 1996
赵晓佳 寂寞大工厂 150×300 2004

赵晓佳 寂寞大工厂 250×250 2003
赵晓佳 寂寞大工厂 230×250 纸板油画 2000

赵晓佳 垃圾场 No.3 300×600 2000
赵晓佳 大工业城市 120×240 1996
赵晓佳 大工业城市 80×155 1995

赵晓佳 寂寞大工厂 230×250 纸板油画 2000
赵晓佳 寂寞大工厂 92×100 1996-1997

赵晓佳 寂寞大工厂 130×260 2002
赵晓佳 大工业城市 130×270 纸板油画 1996-1997
赵晓佳 寂寞大工厂 130×260 2002

赵晓佳 大工业城市 250×450 纸板油画 1996-1997
赵晓佳 寂寞大工厂 150×200 2002
赵晓佳 寂寞大工厂 250×360 纸板油画 1998

赵晓佳 寂寞大工厂 40×55 纸板油画 2005
赵晓佳 寂寞大工厂 40×55 纸板油画 2005

【最具升值潜力艺术家】

韩中人

从一个青年画家的成长看艺术语言发展的轨迹

文/闻立鹏（中央美术学院教授 中国油画学会艺委会副主任）

韩中人的艺术发展，他语言的探索，始终围绕着画家的艺术个性，都是以强烈的感情为原动力，因此，丝毫不违背艺术真诚的神圣原则，无虚假造作之感却充满真诚亲切之情。

韩中人刚刚从中央美术学院油画系第四画室毕业。象一头初生的牛犊，他毫无顾忌地立刻冲到了艺术原野上。天高地远，几年来，莽莽高原，韩中人似乎是随心所欲盲目任性地奔驰，看起来杂乱无章，实际上并没有脱离艺术自身发展的规律和轨迹。

韩中人的画，就象他这个人。一条结实的东北汉子，方正的脸，黑里透红，浓发和黑胡子茬衬托出执着热情的眼光，粗壮的身体绷得紧紧地，蕴藏着随时都能爆发的无穷的活力。

美院四年的学习过程，是苦心求索的四年。可能是小时候鞍山四十里钢城对他的熏陶，工人家庭出身的韩中人颇具阳刚的气质。粗黑的线条组成对象的骨骼构架，大块强烈的色块，响亮爽快；凝重的笔触厚实泼辣，韩中人早期的写意风景画，已经具有了可贵的粗犷之美的素质。随着艺术视野的开阔，大量课堂油画艺术语言的探究，韩中人从野兽派诸家研究进入表现主义的尝试。沿着艺术自身的发展轨迹，逐渐更加强调艺术的本体意识，他全神贯注于形式语言的探索，从形象的整体塑造到形、光、色、线等形式单因子的研究，物体被分解撕裂后又按主观意蕴重新构成。强调形体本身的意味，减弱光影的拘束；突出线条的韵律节奏，减弱描摹造型的具体质素；强调色彩的表情作用面减弱其状物再现功能。这样，韩中人经历了抽象艺术的洗礼而走上了抽象表现主义的路子。

韩中人这时的画面上充满了激情。挥、洒、压、扫、泼等种种笔触，把浓裂粗野的色块甩到画布上，相互推挤着、压迫着、侵蚀着，使画面产生强劲的张力，从视觉上给人以撞击感。

韩中人不大喜欢表现小桥流水的优美幽静闲适；不大喜欢温文尔雅的轻声吟唱，那不是他的审美理想；更不要说一脸脂粉气的无病呻吟。他的画是一盅烈酒、一杯苦茶、一盘火烫的红辣椒。总是有一股火山喷射、泥石流爆发的力度。

韩中人的画走上了完全情绪化的道路。于是，当其真的有所感时，全部心灵都在颤抖，就像唱片被钢针接触，感情的冲击难以扼制、情不自禁，就要呼喊、吼叫、悲歌，就要寻找一切能表达宣泄情感的造型手段，这时，油画色的浓烈铺张，水粉色的泼洒渲染，丙烯色的涂抹叠压，甚至油漆的直接流淌喷射，都不足以满足其表现欲。于是，他干脆突破绘画框架的束缚，放弃以绘画形象为信息的载体，不通过中介，直接以实物入画，通过艺术的组织合成，直抒胸臆。韩中人以钢铁、朽木，红布等各种不同的质材，或构成真实的三度空间，或压缩在浮雕式的平面之中，尖锐的角钢、笨重的铁锭、烧焦的木头、扭曲的钢丝、压偏的钢筋、锈蚀的铁管，一切足以体现他的审美观来表达其当时当地思想感情的实物都可以成为他艺术语言的载体。

于是韩中人进入了另一种艺术语言体系——物象语言体系。在这里，他用客观生活的现成物品质材，重新构成“第二自然”。感情找到了寄托，思绪找到了载体，溶形式美、技艺美的追求于一炉，在一种新的空间关系中体现艺术家的感情、心绪、体现艺术家的审美情操、体现艺术家的历史感与哲理思考。

韩中人的艺术发展，他的语言的探索，始终围绕着画家的艺术个性，都是以强烈的感情为原动力，因此，丝毫不违背艺术真诚的神圣原则，无虚假造作之感却充满真诚亲切之情。

正是由于韩中人等一些青年画家的这种语言的探索是按照艺术自身规律而发展的，因

韩中人 城市系列 60×60 布面油画 2007

此，正好和西方艺术语言发展演化的轨迹相吻合就完全是合乎情理的事。

西方艺术在其长期的历史发展中，大体上经历了古典期、现代期和后现代期三个时期，而如果以视觉艺术信息载体分类，西方艺术家们所创造使用的艺术语言，可分为形象、意象、幻象、心象、物象五种不同的艺术语言体系。

古典期的艺术家，通过真实塑造客观对象，再现三度空间，以传达画家的主观感受。他们苦心经营塑造物化出的艺术信息载体是"形象"。经过长期的发展演化，已经形成一种高度成熟的形象语系。

在历史的发展中，一些画家不满足于比较客观地真实描摹与再现，而更强调主观的表现与抒发，追求意境，为此甚至可以变形、变调。他们使用的信息载体是"意象"，逐渐发展为一种仍属具象范畴的意象语系。

随着人类自身的发展，人的思维能力、视觉知觉的感知能力都有了新的发展，更有一些画家发挥主观想象、调动潜意识，不但在生活中所见所闻的形象，意象，而且表现生活中无所闻而在梦幻中想象中却有所见的幻象。他们使用具象的信息载本，不但可以变形、变调，更可以突破空间与时间的局限而加以主观的组合配置，创造出种种"幻象"，构成一种仍属具象范畴的幻象语系。

人类进入工业社会的十九世纪末、二十世纪初，西方艺术进入现代期。旧的以希腊古典美学为中心的古典艺术，虽然已发展比较完美极致，成为人类重要的文化财富，但已不能完全满足现代生活的需要。因此西方原始艺术、东方艺术的影响，以印象派为过渡，大河改道，突破以真实摹写为中心动机的自然造型观念，创造发展了现代艺术，成为与古典艺术并存发展的巨大潮流。西方现代期在语言上除了使用具象语系外，有了重大发展，一些艺术家从客观物象中概括、分解、提炼、抽象出纯粹的形色元素，重新组合构成、形成“有意味的形式”，不通过各类传统的形象中介而直接表达作者情感、心态、观念，形成抽象艺术。他们创造的这种事态信息载体可以称之为心象。

虽然中国观众对此不大熟悉，但这是西方已发展使用了近百年的心象语系，已经成为与具象诸语系并存的一种重要的艺术语言。

本世纪五十年代以来，有所谓第三次浪潮之说，西方艺术进入后现代期。从波普艺术发展到行动艺术、大地艺术以至观念艺术等等，他们从拼贴开始，逐渐发展到完全摈弃人工创造的各类具象与抽象的信息载体，企图打破艺术与非艺术的界限，走出纯艺术宫殿，直接以各类现成物品拼贴、组合、配置，构成新的空间，用自然物的组合构成第二自然，传达作者的某些感受、观念，表现其哲理思考。他们使用的信息载体是“物象”，我想，作为传统艺术语言的补充，可称之为物象语系。综观西方艺术历史，其艺术语言的演化丰富与发展，正是人类自身和社会历史发展演化的结果。

改革开放以来，中国油画有了飞速的发展。西方艺术的各种语言体系，在我国，艺术家都有所尝试与探索，领会的深浅、水平的高低自有不同，但其艺术的真情与执着，是难能可贵的。正是这样一大批艺术的痴情赤子的苦心求索，构成了中国油画艺术百花齐放，多元互补的艺术格局。

从一个青年画家的成长历程中，似乎也可以领略到某些艺术发展的规律和轨迹。

韩中人 无题 60×50 布面油画 1990

做他自己

文 / 里非彐

老韩，名中人，辽宁鞍山人氏也。80年代我在北京混，在当时王府井的老中央美院，先遇方白，后遇老韩。后又遇袁野、永旭和孟禄丁、孟禄新等。当时的老韩，看起来是一副长发披肩，雄视阔步的抢眼模样，且有古道侠肠的一股劲和一种鲜明的个性和上进心。那时候的老韩是一个与吴山专、王广义在美院学生宿舍里大玩“说号”的赌徒的老韩，一个与梁伟、倪海峰等一大堆人疯狂地去看崔健演出摇滚的老韩，一个在中国艺术研究院策划当代艺术文献大展的老韩，一个主持道谱当代艺术中心的当代艺术家赞助人的老韩，一个去欧洲办他的个人画展的成功艺术家的老韩……，与此同时他的那些抽表意象绘画，则是一堆一堆地出来，又快又好，像东方的波洛克，极猛。另一个画的多的，就是方白。

20年后，也是在花家地方白的party上，再次与老韩重逢，老韩看上去变了，变得沉默，变得彬彬有礼，于是我们开始了漫长的道别后随之又是默默无语，人生的万千滋味在随之一次又一次的千杯万杯中静悄悄的都沉淀下来或者挥发而去，千言万语，皆成多余……。是的，他还是他，老韩还是老韩正如我还是我，都没变，但是却又都变了，但终究又一切都没有变。时间也许并不存在，就算存在时间也无参观老韩的新工作室时，终于又看到了老韩的一大堆新画，画如其人，没变，但是变了，但终究又一切都没有变。只是万千的形色之下，万千的阅历，全部在他的画后隐去，看起来依然壮烈，依然华丽，依然生猛和气吞山河，但是又自然随意。

我知道老韩在玩，玩他热爱和一辈子都不能与之割舍的和驾轻就熟的一种游戏，也许与艺术史无关，与市场也无关，甚至与艺术也无关，但是又有关，总之，这应该就是一种最高境界，即最后的境界了。除此之外，无法用别的语言来形容这一切。老韩在做许多事情，都与文化有关，与当代艺术有关，与未来有关。正如中国当代艺术正处于对自己和对西方重新审视的心理调整期。从短期和中期来看，中国当代艺术当然不可能立刻对西方当代艺术的地位产生致命性的任何影响，但对那些相信中国必然会崛起为世界上占主导地位的文化大国的人来说，崭新的和严肃的讨论真的应该开始了。因为世界正在被要求从美国模式转变

到中国模式。因为亚洲价值观远远优越于西方价值观，这是一个不容置疑的简单的事实，老韩恰恰正是这么看问题的。相对而言，西方衰落了，中国的崛起正在发出轰然的巨响，老韩无疑也是这个历史的一部分。

在这种情况下，老韩以入世的态度做事，以出世的态度做人。一方面有兔子之速度，一方面又有乌龟之耐心，更有老虎的威猛。想吃就吃，想睡就睡，想画则画。一颗平常心的下面，清清楚楚地写着的则是无所畏惧和壮怀激烈。因为我总在怀疑，怀疑生活是混乱的，我们不能期待能够通过思辨的方式将它总体化。中国之大就足以令事情复杂化。原因在于中国从来就不是一个常规国家——它是一个真正意义上的甚至就是永恒意义上的唯一的帝国，像是第一世界、第二世界和第三世界共存于中国内部。中国同时以许多种面貌呈现。可能中国在思想上仍然是个穷国，尽管按理说中国甚至从来都不乏思想。因此中国是“尽弃其所学而学焉”。如何重新看西方，如何重新看中国，如何重新看世界，如何重新看未来，是当下我们每一个中国人所面临的紧迫问题，这也正是老韩一直在思考的问题。现在是轮到西方解放他们自己的思想的时候了。世界不可能永远在过去的轨道上运行。而中国当代艺术要做的，就是抛弃旧意识，创造新思想。

这样就想到了中国古代的对人不对事，到了清朝渐渐变成了谈事不谈人。进而则只是事没有人，再到既无事又无人。而改变这一切，就要从每个人先做回他自己开始，像老韩那样。

我想，老韩的那种无畏心，大概就是老韩的真心、无心和平常心吧。也是他的纯粹。同时也是我的真心、无心和平常心。关于老韩，从某种意义上而言，每一天都是一种开始或重新开始，于是每个人自然也就看到了这样的老韩和那样的老韩和一个什么都在干和一个什么都不干的老韩，我们甚至也可以不知道他从哪里来，现在在哪里和要到哪里去，老韩的艺术，从这种意义上而言，也亦复如此，但是从很多意义上而言，我们作为老韩老朋友的每一个人，都正在期待，从他的过去开始，从这批画开始，一直到他的不一样的未来。因为我们大家都知道，老韩就是老韩，我所认识的那个老韩，他在做的就是做他自己。

韩中人 城市系列（局部）
110×110 综合材料 1991

韩中人 自然·城市系列
60×60 布面油画 2009

韩中人 城市系列 50×60 综合材料 1990

韩中人艺术简历

1981年毕业于辽宁省鞍山市中等师范学校美术专业，1982年毕业于辽宁省鞍山市工人业余职业大学油画专业，1991年毕业于中央美术学院油画系油画专业获学士学位，现被天津工业大学艺术与服装学院特聘为硕士生导师。

展览活动及收藏

1988年 参加中央美术学院油画系第四工作室汇报展。

1988年 参加北京古观象台艺术展，作品被德国汉高公司驻京代表收藏1幅。

1989年 作品被德国友人唐安先生收藏2幅，作品被中国台湾房地产公司庄先生前后共收藏12幅。

1990年 作品被长城艺术博物馆收藏1幅。

1991年 参加中央美术学院八七级毕业生作品展，作品被中央美术学院成列馆收藏1幅。
中央美术学院画廊举办韩中人现代艺术展。
参加美国哈佛大学巫鸿先生邀请首届《中国当代艺术文献展》。

1991年 参加国贸画廊艺术作品展。

1993年 参加中国首届油画双年展中国美术馆。

1994年 以学者访问身份被邀请去德国柏林参加中国现代艺术展英国驻德国投资银行，作品被英国投资银行收藏5幅。

1996年 作品被北京贾中池先生收藏2幅。

1998年 作品被唐山张爱英女士收藏1幅。

2001年 作品被北京永安宾馆收藏3幅。

2002年 参加北京道谱视觉艺术中心首届现代艺术邀请展。

2003年 参加北京道谱视觉艺术中心小幅油画静物邀请展。

2006年 参加中国当代绘画交流展长富宫大酒店。

2007年 参加798时态空间、融洽、消解—2007中国当代油画邀请展。

2008年 参加山东潍坊博物馆举办的2008年：中国当代名家邀请展，作品被收藏1幅。
被渔阳饭店邀请创作油画作品、大幅作品共3幅，小幅作品2幅。

2009年 参加繁星美术馆举办的中国当代艺术家邀请展。
参加在国贸举办的亚洲艺术博览会，作品被收藏3幅。

2010年 参加上海世博会中国艺术周展上海世博会展览中心作品另有85幅被机构、藏家及友人收藏。

作品代表及评论文章

《中国艺术》《中国当代绘画交流》《中国当代艺术年鉴》《中国油画市场》《艺术界》《画廊》《鉴藏》《星艺术》《鉴宝杂志》，闻立鹏先生、张方白、里非彐、苗风池、郝立勋、赵焕植、王天浩等先生曾有相关评论文章。

韩中人 自然·城市系列 50×50 2010
韩中人 自然·城市系列 60×60 2010

韩中人 自然·城市系列21
150×200 布面油画 2010

韩中人 自然·城市系列17
150×200 布面油画 2010

韩中人 山水系列
100×100 布面油画 2009

韩中人 山水系列
60×60 布面油画 2008

王者归来

文 / 张方白（著名艺术家）

在我有限的读画览历中，老韩的画可为一绝。他对油画天生的感受力，表现力，实在难得。他的油画源于东北黑土地，然又有别于东北油画的同道，沉郁，结实。带有一种浓郁的大地的神秘的气息。那饱满的，厚厚的油彩在画面上滚现，犹如一曲人生的乐章，淋漓尽致，其酣劲，撕裂，在爆发强烈的冲动下，却又收的住，用笔一拖带去润心得柔情，看他的画有一种人生的满足感。

老韩早在考中央美院时，就因为他的一张风景画被油画大家林岗先生看中，从万张考卷中挑出，而被录取，在美院读书时，一些老师兴起，改起老韩的画来，画面条理清晰很多，但我在旁边感觉就是少了那个味，那种只有在老韩笔下才有的气息。

老韩的画看起来很快，然而他酝酿的时间却很长，他时常跟我说“我在运气”我理解老韩，他是一个使真气画画的人。为了画一张好画。他会让自己整个心沉浸下去，情绪也会低沉很长时间，当他画完之后，才得以解脱。他对画画如此，对生活也是如此。亦如对女友的感情，他全身心的投入，明明知道对方出国世事难料，还一如既往，回绝了身边大批崇拜的女性，十年不变，他心里一种求真，仁义的东西在当今更加的显得喃喃可贵。

我和老韩是同学。同受业于四画室，住在同一个宿舍，朝夕相处，共同成长，有着共同的理想和兴趣。时称金刀，白光，寒剑三剑客。金刀者金然，在烟台仙居，静坐，修佛，一晃二十年，大家平时来往少，只把感情留在心里，我和老韩同在京城，却也难得清静谈心，只能在文章中得以发挥了。

老韩这些年，接触了许多人，干过许多事，这些经历在他的画中表现出来，更加雄浑，更加大气。我知道他一直聚气，聚大地之气，聚人间之气，聚王者之气，他的油画将给大家一种真正的震撼。

韩中人 山水系列 150×200 布面油画 2009

韩中人 自然·城市系列16
150×200 布面油画 2010

韩中人 自然·城市系列19
150×200 布面油画 2010

韩中人 自然·城市系列20
150×200 布面油画 2010

[凤池观察]

抽象主义绘画发源于欧洲，受“立体主义”和“未来主义”的影响，1910年前后，俄国艺术家康定斯基参与德国蓝色骑士社活动，首先进行抽象主义艺术的创造。20世纪欧美各种抽象主义归纳起来大致有两类：凡是着重情感表现的，成为抒情的抽象也叫热抽象；凡是着重表现理念的，成为理性的抽象，也加冷抽象，而中国的抽象艺术始于20世纪80年代，与西方抽象主义绘画不同，中国的抽象绘画主要是借助一种抽象形式的外表来传达画家自己的审美理想，大部分都是既采用了抽象的方式，又采用了一些具象的符号，艺术家在将西方抽象艺术的观念与传统艺术、民间艺术与大众文化相嫁接的同时突出了个性化的语言与当代视觉特征，具有本土意味，代表画家有王怀庆、孟禄丁、周长江、葛鹏仁、丁乙、张国龙和韩中人等。韩中人是早期进行抽象艺术试验且一直坚守在这块阵营里孜孜不懈摸打滚爬的艺术家之一，20年前从中央美术学院第四工作室出来之后的一段时间里，他的作品就有了相当的学术认可度，1993年在中国美术馆的“首届油画双年展”及1994年在柏林的“中国当代艺术展”的两次入展，不仅确立了他自己的追求方向，也奠定了他在中国抽象艺术上的一席之位。在中国大多从经验层面生发的抽象艺术之外韩中人选择了从自然符号中转换的形式，以挥、洒、泼、压、扫等生成种种笔触，把浓烈粗野的色块甩到画布上，相互推挤，相互压迫，相互侵蚀，或脱兔激扬，或处子沉静，或箭步奔走，或驻足屏观，满布豪情而不滞，勾连幽思而通灵，“一旦我进入绘画，我意识不到我在画什么，只有在完成以后，我才明白我做了什么。我不担心产生变化、毁坏形象等等，因为绘画有其自身的生命，我试图让它自然呈现，只有当我和绘画分离时，结果才会很混乱。相反，一切都会变得很协调，轻松地涂抹、刮掉，画面就这样自然而然地

韩中人 自然·城市系列 150×200 布面油画 2009

韩中人 无题 120×80 布面油画 1989

诞生了。”波洛克这样的画画经验，韩中人自然深解其意，而随着艺术风格的日益成熟，他的这种具有强劲张力和视觉撞击力的画面越来越受到艺术界的重视，著名老画家闻立鹏在《从一个青年画家的成长看艺术语言发展的轨迹》一文中这样说：“韩中人不大喜欢表现小桥流水的优美幽静闲适；不大喜欢温文尔雅的轻声吟唱，那不是他的审美理想；更不要说一脸脂粉气的无病呻吟。他的画是一盅烈酒、一杯苦茶、一盘火烫的红辣椒。总是有一股火山喷射泥石流爆发的力度。”在朱德群、赵无极两位大师的引领下，中国抽象油画越来越受到全球各国艺术收藏家的钟爱，特别是在我国艺术品市场逐步走向强大的当下，抽象艺术正迎来它新的投资机遇，相信为时不久，它必将成为继古典写实之后又一门投资理财的抢手之物，而韩中人作为中国早期就扎根抽象艺术研究且有相当认可与积淀的艺术家也必将创造自己辉煌的大市，可喜的是目前包括北京、沈阳、石家庄、南京、上海、广州等地一线城市的私企和个人已有这方面的先觉而接连和画家及其代理机构在深入洽谈，伦敦、巴黎、柏林以及美国和西班牙的国际艺术展示机构也在积极筹备韩中人抽象艺术联展，当这些城市渐次飘过中人先生的“韩流“之后，接着而来的便是火市引爆——中人，必有好戏！

韩中人 自然·城市系列
60×60 布面油画 2010

韩中人 自然·城市系列
100×100 布面油画 2008

韩中人 城市系列
130×180 布面油画 2009

韩中人 山水系列
150×200 布面油画 2009

韩中人 自然·城市系列
80×140 布面油画 2010

韩中人 无题
40×50 布面油画 1991
（中央美院陈列馆收藏）

韩中人 自然·城市系列22
100×120 布面油画 2010

韩中人 无题
60×80 布面油画 1989

韩中人 自然·城市系列
60×60 布面油画 2010

【最具升值潜力艺术家】
刘 昕

宁静的虔诚

文 / 朱晓果

伦勃朗、维米尔的时代早已消逝了，但荷兰小画派的那些将平民风俗趣味表现得精致典雅的作品却能超越时间的遗忘，至今仍能使站在画前的人为之心动。那些在灰蒙光线里的凡俗人物的情态和精妙的油画语言似乎是仍在发酵的陈年老酒，是我们这个浮躁的万象世界再难以品尝得到的人性的平静与安宁。

站在伦勃朗、维米尔的画前，刘昕有过激动，也有一种皈依的平静：这正是画家多年来所追求的艺术品质。

新时期后的当代绘画进入了一个浮躁不安、价值评判混乱的状态，伪精神批判背后的市场操纵使画家创作的个性追求遭受腐蚀，一批坚持绘画技术及写实风格的艺术家选择了转身放弃，一批曾经优秀的写实派画家在放弃个性追求的同时也放弃了技术，以一种伪风格的样式来迎合批判语境。

刘昕骨子里迷恋古典油画艺术中尼德兰荷兰小画派的典雅与平俗的精神品质，他在日渐式微的传统样式里坚守着独语似的绘画苦行，在与世风相悖的技术追求里寻求精神与品质的自我完善。

刘昕的创作题材多是来自身边，肖像及静物是朝夕所见，平俗可亲的人和物。在静物作品里，画家浸淫在一种不自觉的怀旧情绪里，观者可以在作品精致细微的描绘中感受到画家的温情祈求。这种情绪是大众的，也是艺术的。刘昕创作过一组以铜管乐器为题材的静物作品，其技巧的极致发挥令人赞叹。这组静物作品似乎也是显示画家对历史沉疴的感受。我认为这是刘昕创作中难得的理性光泽，也是艺术家精神的另一面。

当代艺术家存在严重的人格分裂，精神感悟上的痛苦与世俗欲望的交织使创作与内心感受痛离。艺术家要固守心中的宁静需要完整的人格。坐在画架前，将对艺术与精神的感悟平静地转移到画布上，这就是画家刘昕非常自然的创作状态。以常人之心画常见之物，在平俗中寻找艺术趣味，甘于如此也是一种人生哲学，更是修炼觉悟的结果。二十余年来寂然中的摸索，在写实艺术风格的延续中，刘昕的作品正在逐渐形成自己的语言样式，他希冀自己的作品能表达出心中所向往的温情与宁静。作为朋友和欣赏者，我也希望刘昕的作品能更多地展现他内心理性与冷峻的另一面。

对技巧的苦心追求应是一种可贵的精神品质。技巧不能庸俗地归于写实的精微，应归于画家对视觉规律的求是。视觉规律是心理需求与画面构成的暗示效应，是常道与歧途的无尽交汇。刘昕在作品画面构成、材料肌理的视觉心理象征上做过努力的尝试。作品《节日餐桌》是这种努力的结果，臆造空间的肌理变化丰富诡异、压抑之中逼仄出光亮、所有的符号都在暗示一个过去式的扭曲与荒诞。这是技巧的交响发挥，与简单的精确形似大相径庭。

架上绘画的价值在现代批评的语境里被质疑，传统绘画样式曾被讥为过去式。但当代中国的社会心理并未完成世纪的转变，更多时是返身与传统勾连，这是社会公平与温情缺失的结果。所以以悲悯情怀为价值取向的传统绘画的精神涅槃后再次成为关注的主体，这是传统精神的延续与蝶化，刘昕的创造在此意义上获得价值。

刘昕性格温和沉稳，珍视朋友间的情谊。刘昕的知己中有画家冷军、郭润文。几个迷恋油画技艺的朋友相聚时，经常如工匠般交流技艺，古典油画大师画面上珐琅质般的效果曾使刘昕迷恋。朋友间对画面的相互挑剔往往成为有价值的回忆。

刘昕的作品深受画廊与藏家的青睐，但从不见其张扬。每天骑着一辆旧自行车往来于家与画室之间，偶尔去郊外钓钓鱼就算是一种额外的享受了。简单的生活是画家沉溺于艺术的表现。

坚持写实油画风格的画家不多了，在坚持中保持高度写实技巧的画家更少了。画室外的诱惑太多，市场上嘈杂的声音使很多画家左顾右盼，当功利心被诱惑发酵时，画家往往会失去自己。刘昕在宁静的心态里保持最初的那份虔诚使人感动。

在很多画家转身叹息的时候，刘昕在画室的灰蒙光线里宁静地画着。画累了，点上一支烟，听听喜欢的天籁之音，那就是享受了……

刘昕 静谧的东方 80×160 布面油画 2008

刘昕 夏至 80×85 布面油画 2002
刘昕 晨曲 110×120 布面油画 2006

[凤池观察]

武汉画家刘昕有着与郭润文、冷军、王心耀等鄂籍艺术家一样的扎实功夫与真诚态度，正像朱小果先生所说："伦勃朗、维米尔的时代早已消逝了，但荷兰小画派的那些将平民风俗趣味表现得精致典雅的作品却能超越时间的遗忘，至今仍能使站在画前的人为之心动。那些在灰蒙光线里的凡俗人物的情态和精妙的油画语言似乎是仍在发酵的陈年老酒，是我们这个浮躁的万象世界再难以品尝得到的人性的平静与安宁。站在伦勃朗、维米尔的画前，刘昕有过激动，也有一种皈依的平静：这正是画家多年来所追求的艺术品质。新时期后的当代绘画进入了一个浮躁不安、价值评判混乱的状态，伪精神批判背后的市场操纵使画家创作的个性追求遭受腐蚀，一批坚持绘画技术及写实风格的艺术家选择了转身放弃，一批曾经优秀的写实派画家在放弃个性追

刘昕　画室里的萌萌　70×110　布面油画　2007

刘昕　祈愿　92×73　布面油画　2009

刘昕 家园 130×180 布面油画 2004

求的同时也放弃了技术，以一种伪风格的样式来迎合批判语境。刘昕骨子里迷恋古典油画艺术中尼德兰荷兰小画派的典雅与平俗的精神品质，他在日渐式微的传统样式里坚守着独语似的绘画苦行，在与世风相悖的技术追求里寻求精神与品质的自我完善。”然而，今天我们的视界里真正能判断其为好画的也确实是一个艺术家的品质所决定的，刘昕正是具有这个品质才默默地坚守在自己的追求之中，风向随转而不动，百万千万而不惊，写实风格确实在一段时期里面临着质疑与挑战，但经过所谓当代的暴风骤雨之后，世人的认识逐渐从混沌与浮躁中清醒，且不去细论在学术上的公说婆说，市场却在这样的你方唱罢我登场中再一次回归到写实上来，从某种意义上说也是在挽救了写实油画，古典二字也显示出了它本来应有的威力，不消说，写实传统依然会成为现在甚至多年之后的未来市场上的主流，象刘昕这样淡定“潜伏”着的优秀画家画作未来市场必定不可限量，若以涂涂抹抹所谓当代艺术的“符号式”几千万上百万来论之，刘昕的这种稳健而沉着，细致而唯美的作品至少也值他个千万百万，即便以杨飞云、王沂东这些写实大腕的几百万来参照，刘昕的作品也有大几十万可值，毕竟见功见力的画作好作越来越不多见了，择此投资应是上上之选，此时也是很好的介入之机。

刘昕 银笛 30×100 布面油画 2005
刘昕 红裙轻舞 83×100 布面油画 2007

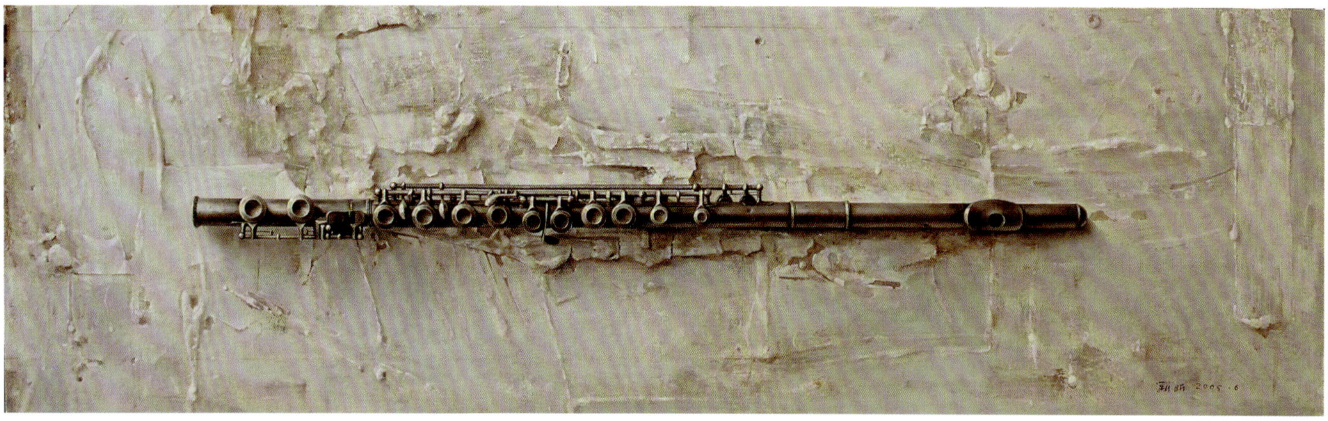

刘昕 夜之焰 50×60 布面油画 2005

刘昕艺术简历

男，1957年生于湖北省武汉市，毕业于湖北美术学院，中国美术家协会会员，武汉画院签约画家，武汉人民艺术剧院二级舞美设计师

重要参展

1994年 第八届全国美展，油画《楚姑》，（湖北美术馆）

2002年 纪念延座讲话发表60周年全国美术作品展，油画《翕乐》，（湖北美术馆）

2003年 全国第三届油画展，油画《惊蛰》，（中国美术馆）

2004年 全国第十届美术作品展，油画《家园》，（广州美术馆）

2005年 第三届全国画院优秀作品展，油画《银色的树叶》，（郑州）

2006年 精神与品格—中国当代写实油画研究展，油画《室内的飞鸟》，（中国美术馆）

2007年 融合与创造—中国油画名家学术邀请展，油画《深色空间》，（首都博物馆）

2007年 第四届全国画院优秀作品展，油画《卡门》，（湖北美术馆）

2008年 中国油画写生作品汇展，油画《塔吉克老人》，中国美术馆。

2008年 “互动2008中国当代油画展”，油画《静谧的东方》《画室里的萌萌》，（武汉美术馆）

2009年 第十一届全国美展，油画《阳光穿过喀什》，（中国美术馆）

2010年 研究与超越—第二届中国小幅油画展，油画《铸铜车间》，（中国美术馆）

2010年 第九届中国艺术节全国优秀作品展，油画《阳光穿过喀什》，（广州艺术博物馆）

获奖

2002年 纪念延座讲话发表60周年全国美术作品展，优秀作品奖，油画《翕乐》，（湖北美术馆）

2003年 全国第三届油画展，湖北省第二届油画展油画艺术奖，油画《惊蛰》，（湖北美术馆）

2004年 全国第十届美术作品展，湖北省第十届美术作品展金奖，油画《家园》，（广州美术馆）

2009年 全国美展获奖提名作品，《阳光穿过喀什》，（中国美术馆。

2009年 第十一届湖北美展，银奖，油画《阳光穿过喀什》，（湖北）

刘昕 卡门 80×160 布面油画 2007

刘昕 人物写生 45×90 布面油画 2009

刘昕 秋实 53×33 布面油画 2007
刘昕 挂在墙上的黑管 83×100 布面油画 2003

刘昕 阳光穿过喀什 160×140 布面油画 2009
刘昕 散落 40×40 布面油画 2008

刘昕 清秋 45×90 布面油画 2009

刘昕 灯影 30×39 布面油画 2007
刘昕 静物之一 40×40 布面油画 2009

刘昕 室内的飞鸟 125×140 布面油画 2006

【最具升值潜力艺术家】

宋卫东

心中的风景

——读宋卫东的写意油画

文/陈国力（山东省美术馆馆长 山东画院院长）

宋卫东在写实造型的基础上吸收传统山水画的写意手法，以书写性的用笔通过对树木、建筑与山势的表现，传递对时空自然的哲思。

自唐代文人王维提出“写意”一词至今，写意作为一种文化理念，在中国造型艺术领域已有数百年历史。而在油画传入中国一百多年的发展过程中，“意象化”或“写意油画”一直是中国人挥之不去的文化情结。

对宋卫东而言，他对油画写意性的探索始自大学以后。读书期间，他更多关注写实技法的掌握与提高，并凭借扎实的专业功底在山东省高校美展中获奖。但是后来，当他第一次看到欧洲西方精美绝伦的写实油画作品的原作时，反而对自己的艺术方向的选择陷入一种近似苦涩的迷茫之中。随着眼界的拓宽与知识的积累，他开始关注西方油画与中国艺术的结合，探索东方绘画的意境化表现。

在“迁想妙得”、“畅神”及苏轼的“象外”“意气”等古代画论中，写意画理论早已成熟。在中国文化领域的现代化进程中，写意作为传统的文化遗产一直不断受到关注和讨论。无论是上世纪初的刘海粟、关良等艺术前辈，还是杭州艺专林风眠体系培养出的赵无极、朱德群、吴冠中等画家，都以此为方向做出了成功的范例。

宋卫东的个人艺术之路，在前人的启迪中展开。他多在画面中表现风景、山水，对他而言，风景画不只是一种体裁或题材，而是一种精神归宿，是实现自我的一个通道。在面对山水自然和建筑树石的临场写生中，他以“写”的方式提炼色彩和形象，把感受到的意象转化为对事物本质的塑造，在单纯的写生基础上增添文化自觉意识的内涵，使画面带有中国绘画思维的烙印。无论是徽州的廊桥、江南的老屋还是孔林的树木，在卫东笔下都带有了超脱时空的感觉。那些虬劲的苍枝与悠远的古宅，仿佛穿越亘古而在画面上的定格，承载着历史空间中的记忆痕迹，令画面带有冷静悠远的超现实感。这样的表达，源于作者对主客观关系的深层领悟，在对客观景色的表达中强化主观意境，通过题材与形式的交错抒发对历史和生命的复杂感受。

写意之道，主张因心造境，注重心意的抒发，强调游心于万物与天地精神相往来的自由率意与创造精神。宋卫东在写实造型的基础上吸收传统山水画的写意手法，以书写性的用笔通过对树木、建筑与山势的表现，传递对时空自然的哲思。他力求发挥油画材质的性能，通过用笔的揉搓顿挫、疾徐轻重，使色块和笔触在画面中产生相互作用的动势，令整个空间具有丰富、寥廓的特点。由此，从造型写景到意境的表达，画面构成了一个独立而完整的体系，它从母体生发出来，通过形式、节奏、色彩、笔触、肌理、等关系自成一体。

中国油画在写意方面的探索经过几代人的不懈努力，在当下又注入了更为丰富和多元的含义。写意语言并非僵化的概念或某种既定的样式，它是一个不断开放和生长的体系。宋卫东力求以独到的艺术语言，表达自身对中国文化气质的感受与理解。祖国的山河、古老的村落，历经千百年的洗礼在历史中更迭变易，而整个民族的文化血脉也在这经年累月的涤荡中积淀下来。当太阳升起，画家背起行囊再次注视这片亲切的土地，他又将有怎样的感悟与发现？我们期待着，卫东能够不断开拓出艺术新篇章！

宋卫东 西部印象 80×80
宋卫东 孔林系列—瑞雪孔家林 50×60

宋卫东 徽州遗韵系列—春雨中的宏村
60×80
宋卫东 徽州遗韵系列—靠路边的江南小村
60×80

WD2010

一点所悟

文 / 宋卫东

宋卫东 太行人家 60×80 布面油画

中国画大师石涛在《苦瓜和尚画语录》的“尊受章”中写道：“受与识，先受而后识也；识然后受，非受也。”很明确的告诉我们，在绘画时要感性认识在先，理性认识在后，如果主观认识在先去感受，就不是感受了，这也是石涛“一画之法”的理论基础。“一画之法”就是指每个人依据自身的感受所创造的画法，感受在前表现方法在后，每个人在不同时空、面对不同对象每次的感受又不相同，所以每次的表现方法也应各有差异。

西方现代绘画大师毕加索说：“我在十几岁时就能画得像个古代大师，但我花了一辈子时间学习怎样像孩子那样画画”。他认为儿童在绘画中往往表达的是对客观事物的直接感受和本质特征，没有受过专业训练的儿童，在表现对象时往往注重对客观对象的第一感觉，而这种感觉中有一个极可贵的因素就是错觉，这种错觉使儿童在表达自己感兴趣的事物形象时，往往超过客观尺度显得格外鲜明突出，而这正是可贵的感受所在。

当代绘画大师吴冠中先生谈到，他的许多学生绘画功夫着眼于技法的更新，从颜料、纸张、笔法到题材、写实、抽象……都在尝试探索，可谓呕心沥血，但作品并不感人。吴先生认为感人作品的力量源泉是“心”、是“情”、是生活感受，他告诉学生，只有拿出自己的心，血淋淋的心才能打动观众的心。如何拿出自己的心，吴先生说心的使者是情，要吐露真情，首先是有感受，要不择手段地表达你的感受。只有能触及人类精神世界的艺术才是真正的艺术，也是艺术家所追求的永恒的艺术

金庸在“倚天屠龙记”里描写武当大师张三丰要张无忌忘掉所有所学的武功招数，只有把所学武功招数忘的半点不剩，才能得其神髓，临敌时方能以意驭招，千变万化，无穷无尽，得心应手。任何武功招数都是为

退敌而用，取得胜利的招数就是最好的招数，其理与画相同，以达到目的为目标，绘画的目的就是表现真情实感，所有绘画技术都是招数，都要服务于主观精神感受，并依据自身的精神感受找到能表现这种感受的绘画语言。

至于感受的高低深浅是因人而异的，罗丹曾说了一句几乎人人皆知的名言“美不在于缺少，而在于发现”，精神虽说是无形的，但它潜存于一切有形的物像之中。日本近代著名画家东山魁夷当年坐船从海上去欧洲学习，历时四十多天，船上的乘客面对一望无际的大海都感到十分枯燥度日如年，而他每天却陶醉在大海无穷尽的变化中，并从中体悟出美的韵律，四十多天对他而言十分短暂，而这次航行的感受很明显的体现在他今后的诸多作品之中。由此可见每个人对美的感悟是有高低大小之分的，如何提高自身对美的感悟能力，古人已经告诉我们“功夫在诗外”……。

东一句，西一句有点不着边际，但这是我的一点所悟。

宋卫东 田园系列—自然生长的向日葵
80×130 布面油画

[凤池观察]

山东自古出英豪，古来不胜枚举，就当代譬如杨松林、杨克山、张洪祥、阎平、王克举、刘德润、顾黎明、徐青峰这些在油画一界俱为人知的老辈青辈好手，凭着各自之于艺术的天分，创造出许多优秀的感人佳构。山东工艺美院教授宋卫东不仅秉承着刻苦精研的优良传统，在风景创作上还融进了许多创新的内容，以独特的艺术风貌和恣意飘逸的意笔豪情得到圈内外人士的广泛好评，纵观其作品至少有三个明显的特：一，追求纯粹的绘画语言，娴熟而放荡不羁。无论是丈二巨制，还是斗方小品，宋卫东的着色用笔都非常强调油画艺术自身语言的运用，这应该来自于他对传统艺术的醉心临习，大胆的尝试来自于娴熟的传承，细微的刻画得益于潜心的感受，这“大“与“细”的交互运用，创造出画面丰富而多元的语言容括，在我们见惯了硕大而空洞的某些画作之后细细品味起宋卫东的这些画面，不啻一流清溪，叮咚之声直润心田，可贵！二，既有新颖的视觉冲击，也有表现之外的深层面思考，心目同受而相得益彰，可喜！三，质感强烈，节奏明快，虚实延迭，气韵流畅，气息贯通而不落俗套，可佩！随着画家的技法的逐步提高，语言的概括和提炼更加到位更加出彩，而画面的感染力也不断地以张大，同样也会迎来市场的广泛认可，特别是在各路投资人经过所谓当代艺术爆市火烧之后，对传统经典再一次的重新审定，更随着股彩票的走弱，房地产的萎靡，作为三大投资之一的艺术品一定会再次冲到风口浪尖，象宋卫东这样目前还没怎么上拍的画家画作，大有可能成为下一轮投资的首选目标，一是因为这些原始股潜伏着十分可观的升值空间，再是他们的市场比较纯净，易于运作，而这一切都建立在作品质量之上，宋卫东具有。

宋卫东 瑶里大户人家的厨房 70×90 布面油画

宋卫东 徽州遗韵系列—细雨中远眺屏山 60×80 布面油画

宋卫东 秋到彩石 80×120 布面油画

宋卫东 孔林系列—古树黄昏 100×150

宋卫东 老桃树开新花 80×100 布面油画
宋卫东 江南老屋系列—梅岭古祠堂 100×80

宋卫东艺术简历

宋卫东，1982年毕业于曲阜师范大学美术系油画专业，现为山东工艺美术学院教授。
2008年作品《盛荷图》在亚洲艺术学会举办的第二十四届国际艺术联展中展出并被收藏；
2008年作品《岁月留痕》在“经验•实验山东油画大展中获二等奖；
2008年10月在省美术馆举办了由省美术家协会主办的“三十年聚绘画作品联展”；
2009年作品《江南人家》入选中国美协美术举办的庆祝建国60周年2009大东方当代油画展并被收藏；
2009年作品《孔林初雪》在庆祝新中国成立60周年山东油画作品展中获三等奖；
2009年作品《风雨沧桑孔家林》在十一届全国美展山东展中获优秀奖
2009年《圣人故里》等作品代表山东油画学会参加十三届上海艺术博览会
2009年《圣人故里的古树》等四幅作品在山东名家名人书画作品展中展出
2010年作品《江南老书屋》入选中国油画学会“研究与超越——第二届中国小幅油画展”
山东美术出版社出版《油画名家•宋卫东》，作品被美国、日本及国内众多机构和个人收藏。

宋卫东 孔林系列—孔林古道 130×150 布面油画

宋卫东 田园系列—阵风吹过青玉米 100×130
宋卫东 江南老屋系列—兰云堂 50×60

宋卫东 雨后新绿 70×90 布面油画
宋卫东 梧桐花开又一年 80×100 布面油画

宋卫东 江南老屋系列—查济古祠堂 80×120
宋卫东 江南老屋系列—百年老书屋 40×50

宋卫东 江南大户人家 60×160
宋卫东 徽州遗韵系列—查济村头的公园 80×180
宋卫东 江南老屋系列—带长廊的庭院 50×100

宋卫东 徽州遗韵系列—查济上百年的老宅子 60×80
宋卫东 孔林系列—秋染孔林 80×100

宋卫东 阳光下盛开的桃花 80×60 布面油画
宋卫东 明清商业街 70×90 布面油画

宋卫东 江南老屋系列 —有美人靠的老房子 60×80 布面油画
宋卫东 瑶里明清街 70×90 布面油画

宋卫东 桃花盛开的地方 布面油画
宋卫东 孔林系列—圣人故里的古树
100×150 布面油画

宋卫东 江南老屋系列—瑶里古戏台 50×100
宋卫东 徽州遗韵系列—夕阳下的古树老屋
100×80 布面油画

宋卫东 徽州遗韵系列—溪流边的老屋
60×80 布面油画
宋卫东 开着紫滕花的查济 80×60

宋卫东 彩石捎近村的老松树 80×100
宋卫东 孔林系列—曲阜至圣 80×100

宋卫东 徽州遗韵系列—查济小 60×80
宋卫东 开着槐花的乡村小路 80×120

宋卫东 东泉村2009第一场雪 60×80
宋卫东 彩石的小水库 60×80

【最具升值潜力艺术家】
陈 新

体悟与超越

文/曹新林（中国油画学会常务理事 河南省油画学会主席）

陈新与著名油画家靳尚谊及中国美协主席刘大为合影

艺术是人类情感生活的投影。苏珊·朗格认为，绘画是由一种虚幻的空间构成的可以视觉感知但又不可触摸到的虚象。这种“虚幻空间”或“幻象”，只能由艺术直觉把握到。所谓艺术直觉，它既不需要经过推理，也不需要逻辑的帮助，是永远不能通过言语和文字表达出来的人类所独有的洞察力。这就是为什么文学代替不了绘画的道理，也是当我们被某幅优秀绘画所感动而哑然结舌的原因。

确定一幅作品是不是艺术，要看它是否包含某种情感和生命意味，即南齐·谢赫说的“气韵”，奥克斯托·苏特那说的“艺术之真”。推崇现代艺术的克莱夫·贝尔也不否认“高度的现实主义形式也可能极有意味”。

写实性绘画和抽象绘画一样，都讲究线条色彩，用某种特殊方式组成某种形式或形式间的关系，以激起我们的审美情感，都是讲究形体本身的张力，即阿恩海姆说的“格式塔压强”。其不同之处在于，写实性绘画均把苦心经营的抽象的形式构成意味，巧妙地掩饰在具体形象的外壳里，其匠心独运于幕后。

陈新出生在大西北，大漠苍茫辽远，荒原的冷峻肃穆，雪山的磅礴豪迈，开阔了他的眼界，扩张了他的胸襟，也影响着他的创作，使他的作品常常表现出大场面，大境界，大气派。边地居民的坚忍和执著，边地居民的风情风俗，让他体会到一种迥异独特的美感，对异域风情的展示，也成了他创作的另一种主题。

陈新的画作，喜欢刻画比较大的场面，喜欢表现“群雕”，喜欢表现众多复杂的人物。通过一群人不同衣着，不同表情，不同姿态的刻画，揭示人物的精神内涵，从而对画作的主题形成层次迥异但又和谐自然的“共鸣”，再运用背景光和色的精妙处理，强化和渲染人物的精神气质，使画面人与背景浑然天成，使人物神气贯注，生命的活力喷薄而出，人格力量张扬而执著，画面也极具张力、穿透力和震撼效果。

那幅颇获好评的油画《享受阳光》，选取了一群矿工在收工返回的路上一瞬间的场景，他们都是一样的蓝色工装，满身都是油污斑斑，白灰片片，甚至脸上也蒙上了厚厚的灰尘。这一切，很容易让人想象到他们工作环境的恶劣，工作任务的繁重，工作条件的艰苦。但是，在阳光下，看他们那挺直的身板，坚毅的面庞，乐观的表情，仿佛检阅场上的战士，激越而昂扬；还有虎虎生风的脚步声，仿佛从苍茫的荒原传来，震响在你我的耳际……

这一切，让我们体会到，这些矿工们的收工，犹如胜利的凯旋，一夜的拼搏，是壮士的奉献，拂晓的阳光，是最美丽的奖赏。整个画面冲荡着矿工们的豪情，涌动着生命的活力，将矿工们甘于奉献，乐观豪迈，对生活充满热情和挚爱的精神世界展示得充盈而酣畅。

陈新偏好异域风情。他在西北长大，后来就职于高校，他把大量的时间都交给了祖国的山川。异域的风情，异域的文化，异域人民的生活图景，不仅吸引了他的眼睛，也吸引了他的灵魂。他曾经数次往返云南、西藏、甘南，创作了大量表现滇藏风情文化的作品。

那幅《集市上的傈僳人》，是这类作品的代表。画幅中一群傈僳族妇女和孩子从大山里出来，走到了喧闹的集市上。淡黄色的背景和前排孩子肩膀上斜射过来的鲜亮的阳光，告诉我们这是一个晴朗的日子，一群身着深蓝或黑色的民族服饰的傈僳人，在阳光的映衬下，便具有了雕塑般立体而敦实的效果。这些妇女和孩子，服饰是簇新的，显

陈新 那木措藏民 165×136 布面油画 2007

然，这次逛集市是他们生命中不可多得的奢侈经历，所以，他们才像迎接节日一样换上新装。前排中间那个女孩瞪得溜圆的眼睛里，充满了惊讶和恐惧，是什么场面让她如此难以接受？旁边的那个男孩，紧皱着眉头，困惑的凝视着远方，男孩背后的三个妇女，比比划划地争论着什么，右上角的那个年迈的大娘，仿佛惊惧万分，不由得捂紧了嘴巴……虽然人物众多，但姿态各异，神情迥然，栩栩如生，仿佛已经穿越画布，带着服饰上香草染料的芳香，带着怦怦的心跳，毫发毕现地站立在我们面前。

别林斯基说过：“任何诗人之所以伟大，是因为我们痛苦和幸福的根子深深地伸进了社会和历史的土壤里，因为我是社会、时代、人类的器官和代表。”

《集市上的傈僳人》的社会意义在于它展现的是改革开放以后，中国偏远地区少数民族生存状态和生活质量的巨变，簇新光亮的服饰和逛集市的行为，就是生活水平得到提高，生活内容更加丰富多彩的体现，他们面对大山之外的集市场景，所表现出来的惊讶和惶恐，不正是长期处于封闭状态的人们，一脚踏进外面的世界时固有的情绪吗？通过撷取傈僳人初到集市这一瞬间的复杂的表情，再现了生活真实，也概括出了一段历史。

陈新的作品崇拜自然，纵深意识的渗透，使作品显现出生动、静穆、凝重的意境，是对现实的突破、超越。读者在解读他的画作之时，由现实主义的世俗感悟到人格升华的境界，同样是对现实的感情和超越。

陈新的油画创作属于现实主义范畴。现实主义的创作方法以写实为基本手段。写实绘画的生命力在于现实生活的无尽，在于艺术家对现实生活的观照与感受的无尽。

艺术作品总是与人格相关联。人格总是与对社会现实的关注、对国家民族和群众的利益的关注相联系。以个人的聪慧、敏感、良知和责任锻造艺术家的自发人格，是中外历代艺术巨匠们成就的基本规律。对于当前的许多顾影自怜的扭捏与矫情，许多孤芳自赏的偏狭，许多无病呻吟的形式张扬，陈新油画的真情与朴素显得尤为宝贵。并不时尚且有些老态的现实主义在漫漫迷雾中仍显峥嵘本色。

陈新 惠安女 150×150 布面油画 2007
陈新 姊妹节 160×150 布面油画 2007

陈新艺术简历

陈新，男，1966年7月生，毕业于西安美术学院，研修于中央美术学院，中国美术家协会会员，现为河南省驻马店职业技术学院艺术系主任、副教授；驻马店市美术家协会副主席；驻马店市拔尖人才，2008中国百家金陵画展（油画）金奖获得者，2009河南省第十一届美术作品展一等奖获得者。2007年《温暖的阳光》《古城墙下》入选"第四届中国西部大地情中国画•油画作品展"（西安）并收藏；《岁月》入选"第二届风景•风情全国油画展"（上海）并收藏；《洪峰过后》入选"中国人民解放军建军八十周年美术作品展"；《祭》入选"中国东盟青年艺术品创作大赛"（南宁）并收藏；2008年《姐妹节》入选"第二届时代精神全国油画展"（北京）并收藏；《晨曲》参加"书画30年—纪念改革开放三十周年艺术成就展"（北京 浙江 成都 上海 深圳 澳门 台北等地巡展）并收藏；《那木错藏民》《节日盛装》入选"第三届风景、风情全国油画人物作品展"（上海）并收藏；《集市上的傈僳人》获"第五届中国西部大地情中国画.油画"优秀奖（昆明）并收藏；《享受阳光》获"中国百家金陵画展（油画）"金奖；2009年《黄土新绿》入选"倡导绿色生活、共建生态文明"—全国美术作品展并收藏；《某时某刻.某种状态》入选2009大东方现代油画作品展并收藏；《灵山》受邀入展"中华人民共和国60周年书画艺术成果展"。作品发表于《美术观察》、《艺术与价质》、《中国收藏》、《美术》、《中国美术报》、《中国书画报》、《中国艺术报》、《中国书画家》、《新华日报》等报刊。

陈新 家有喜事 172×146 布面油画 2009

[凤池观察]

河南好像是出农村题材的专业户，曹新林《粉笔生涯》饮誉整个中国油画界数十年；王宏剑《阳关三叠》热热闹闹地成为中国写实风格的代表之作；段正渠的《东方红》整整唱响了大半个中国；现在，陈新又初露头角，《享受阳光》在“中国百家金陵画展”一露面就获得众评委的一致好评，从而获得这次全国艺术界重要展览的十件获奖作品之一。中国油画学会常务理事、河南省油画学会会长、资深老画家曹新林先生这样说：“陈新出生在大西北，大漠苍茫辽远，荒原的冷峻肃穆，雪山的磅礴豪迈，开阔了他的眼界，扩张了他的胸襟，也影响着他的创作，使他的作品常常表现出大场面，大境界，大气派。边地居民的坚忍和执著，边地居民的风情风俗，让他体会到一种迥异独特的美感，对异域风情的展示，也成了他创作的另一种主题。陈新的画作，喜欢刻画比较大的场面，喜欢表现“群雕”，喜欢表现众多复杂的人物。通过一群人不同衣着，不同表情，不同姿态的刻画，揭示人物的精神内涵，从而对画作的主题形成层次迥异但又和谐自然的“共鸣”，再运用背景光和色的精妙处理，强化和渲染人物的精神气质，使画面人与背景浑然天成，使人物神气贯注，生命的活力喷薄而出，人格力量张扬而执著，画面也极具张力、穿透力和震撼效果。”如果细细排数排数目前中国能画大场面的画家还真的为数不多，肖像人物者，最多，篇幅小而易于把控画面；单人一面者，次之，没有复杂的布排冲突，没有多重的关系处理，没有主题要求的创作压力；如今再要想见到当年董希文那么气势恢宏的《开国大典》，程丛林那么关怀鲜明的《一九六八年某月某日雪》，陈逸飞那么扣人心弦的《攻占总统府》，抑或何孔德那种刀枪剑戟热情洋溢的《沿着毛主席指引的方向前进》等恢宏巨制可谓难矣。中国不是不需要大作品，市场也在呼唤这样的大作，可是能经营出如此大作的人实在是不多。有时我在想，这样的作品要就不出现，要出现就一定不同凡响，学术一响，市场更响，五年前不就有个例子么，陈坚的《公元一九四五年九月九日九时——南京》，一时震惊整个艺术界，拍场上都没能出现，如果有一天它要是能上了拍，你想想会是一个什么样的价，据说三年前就有人估过，不会低于2个亿。再如程丛林先生的《夏夜》，上海一个收藏大鳄已出到4600万，不久民生银行报出6000万，丛林先生尚未放手，相信还会有更大的买家来，同时我们也相信陈新将来能成为一位巨制鸿篇的好手，因为他现在已经有了这方面不错的基础，更何况，他才40来岁。

陈新 甘南·正月 178×146 布面油画 2008

陈新 节日盛装 150×150 布面油画 2008
陈新 石头村 160×150 布面油画 2006

陈新 原古的生命 166×138 布面油画 2005
陈新 朝拜 160×120 布面油画 2008

陈新 出海 126×166 布面油画 2009
陈新 暖阳 130×162 布面油画 2007

陈新 父老乡亲 180x142 布面油画 2007

陈新 草原的风 100×160 布面油画 2008
陈新 清晨 167×128 布面油画 2008

陈新 初春 166×138 布面油画 2005
陈新 村头 166×136 布面油画 2006
陈新 后院 168×138 布面油画 2006

陈新 海拔五千米 144×172 布面油画 2009
陈新 惠东风景 126×160 布面油画 2006

陈新 转经归来 160×100 2008
陈新 革命者抗争的战场 160×100 2005

陈新 呼伦贝尔的冬天 140×176 布面油画 2007

陈新 建设者 150x140 布面油画 2005

陈新 圣山 122×160 布面油画 2008

陈新 蚁蜂山下 102×160 布面油画 2006

陈新 牧归 128×160 布面油画 2006

陈新 黄土高坡 140x80 布面油画 2006

陈新 晨 170x140 布面油画 2006

陈新 早市 168x147 布面油画 2009

2010图片世界

［中国美术馆］

研究与超越——第二届中国小幅油画作品展

中国油画学会曾于2001年秋，在北京举办了首届《研究与超越 —小幅油画作品大展》。旨在提倡、鼓励中国油画家，在创作题材、体裁和表现手法的研究和探索中，推出一批"别开生面的"，有所超越的作品。

第一届小幅油画作品成功展出后的十年以来，大家高兴地看到："研究与超越"的学术理念，在中国油画界产生了积极的影响。

近些年来，当代中国油画家们，为完成国家重大历史画题材，为第十、第十一届全国美展，为参与一些重要的国际交流大展，创作了一批宏篇巨幅 —— 堪称"力作"的大型油画作品。同时，也以更见艺术个性风采的，更具油画语言特色的，更富有尝试与探索性的表现手法，画了大量的、精美而多彩的小幅油画作品。

——或是面临自然物象的即景写生；或是"象由心生"即兴于灵感而作的小品；或是在构思大幅作品前，随意勾画的草图、色稿，其中一些作品看似轻松、洒脱，如若漫不经心的寥寥数笔，实则，每每是画家深厚的理法修养，在实践中出自激情率真的表现。——方寸之间，收得下高天厚土；咫尺之内，容得进世态万象。画法，可尽精至微，工于细密；手段，可任情挥洒，胜在气象。画家握取一方天地，运筹于股掌之间，以宏观调控微观——如老子所言：是"治大国若烹小鲜"的感觉。作画时，兴致超越功利，心态轻松裕如，意趣携入笔趣，情彩化入色彩，偶有"神来之笔"的杰出之作，往往是由"小幅"绘画作品"开风气之先"，从而推动了绘画和艺术技巧的变革。——小画的意义和价值，不可轻视，不可小看！

本次展览的作品，以广阔的视角，反映了当代丰富多彩的社会生活和气象万千的大自然景象；以多样化的艺术手法，表现出了油画语言探索与研究的新风貌。在学术品位上较之十年前，有了喜人的升华和超越。

祝愿中国的小幅油画研究与创作，以其特有的便于普及的形式，在推进民族"生活艺术化，艺术生活化"的愿景中，开拓出更深入，更广阔的创作空间！

第二届中国小幅油画展组委会

小幅油画，只若写生，带现场实地的生机，又带笔下即时的生趣。较成熟大画，存更多的“生”意。所谓生，既青涩未熟，又源源不息，全然青春模样。小幅油画仿佛第一道茶，鲜涩，浅淡，却让人口齿留香，并怀一种希冀。

——许江语录

许江 浦西回望（评委作品）
40×45 布面油画 2000

小画有小画特有的意趣和价值，把小画画好和把大画画好，同样都有各自的难度，都不是容易的事。

——詹建俊语录

詹建俊 蒙族少女（评委作品）
35.1×24.3 布面油画 1983

言之于木，体现的是时间……
言之于木，体验的是心境……

——范勃语录

范勃 木言三章之一（优秀奖）
60×50 布面油画 2009

2009年春节刚过，我们就来到陕北米脂县杨家沟，到了十二月会议旧址那个不大的院子时已近中午11点。院子安静极了，似乎可以听到门外白雪落地的沙沙声。小小的会议室，正面墙上挂着靳尚谊先生画的《十二月会议》历史画的印刷品，室内还存留着的旧桌椅、旧门窗、黄土墙一切都是当年的感觉，似乎一切都在昨日发生。《杨家沟"十二月会议"会址》在创作手法上，我是采取写实偏写意的方式表现对象，通过对特定氛围的强化来体现凝重遥远的历史感，注重通过作品本身的艺术感染力来表达自己的内心感受和审美追求。强调笔触与画面的肌理效果所呈现的材质美感，在色彩上更是有所操练，偏重于粗黑、浓重，与其说这是现实中的艺术真实，不知说这是我的精神筑构。

——陈树东语录

陈树东 杨家沟"十二月会议"会址
70×80 布面油画 2009

"美到处都有，对于我们的眼睛，不是缺乏美，而是缺少发现"，罗丹的这句名言大家都熟悉，问题是面对现实生活，有人能发现美，有人却熟视无睹，有人言不由衷，这就涉及艺术家本体了。即各人的素质，对美的感受能力，对生活和艺术的敏感性，等等。其实"功夫在诗外"，只要以真情实感切入生活，即使日常小景，路边的一丛杂树，一片池塘，也能创造出诗样的境界，而不必非到名山大川去刻意寻找。小幅油画对于"发现"的探寻是十分有意义的。

——张祖英语录

张祖英 晨风（评委作品）
60×73 布面油画 2010

油画的表现潜力除色彩、造型外，还体现于能承载画家作画时的心境，以及由此而流淌出的运笔心迹，以至成为画家具有独立精神的追求。

——全山石语录

全山石 包黄头巾的姑娘（评委作品）
55×40 布面油画

小幅油画只是一种形式，它能检验我们的创作心态。我觉得绘画的根本问题不在画幅的大与小，而在于探究一幅作品追求的意趣和折射出的艺术品位。

——赵晓峰语录

赵晓峰 地方戏（优秀奖）
40×60 布面油画 2009

美术作品不仅仅只承载作者的精神内涵，也是与现实的人进行情感沟通的桥梁媒介。勤劳、淳朴而又有独特服饰美的福建惠安女一直是绘画界所关注和颂扬的题材形象。在收集创作素材中，除了感受惠安女超乎想象的辛苦劳作外，我特别关注她们现实中的生活情感状态。在作品中，充分运用黄、蓝、黑等惠安女特有的服饰造型符号色彩和稳定的三角形构图等写实手法，再现一群惠安女繁忙之余赶集购物的生活场景，展示惠安女闻名天下的魅力形象和闽南民俗风情。

——魏向华语录

魏向华 惠安印象（优秀奖）
21×31 布面油画 2000

对于一个艺术家而言，小幅绘画着力关注的更自我:精神的、情感的、视觉感知及视觉语言的个性把握，在这个过程中与之对应的材料、工具、平面、立体、点、线、面、质、量、色彩、空间……都在新的激情观照下，激荡组合，闪现着各自的亮点，激活潜在的奇异秩序，这种奇异秩序的展现是跳跃式的，稍纵即逝。由于小幅绘画更具瞬间驾驭的特性，无论写实、表现、抽象……一切具有探索、试验性的艺术创造，无不在小幅绘画中起步。小幅绘画孕育了感人至深的艺术创造，因此，它更具艺术性。这里展出的作品，就说明了这一点。

——闫振铎语录

闫振铎 北京女师大礼堂广场——三·一八惨案纪念碑（评委作品）43×59 布面油画 1977

当今社会正以前所未有的速度向前发展，一幢幢新式高楼拔地而起，一座座现代化的城市在我们眼前铺陈开来，在我们兴奋地拥抱它的时候是否也带着些许失落！在这个古老的国度，曾经的辉煌与灿烂正在渐渐远去……我希望通过自己的画笔去追忆那些消失的记忆，我相信我们的精神归宿依然根植在优秀的传统文化里。

——汪鹏飞语录

汪鹏飞 城之二 65×80 布面油画 2009

小幅油画作品是油画创作中的精美小品油画。

精——精致完整。作品中的艺术表现形式和表现手法等表现语言要完全符合艺术创作规律，而且内容与形式也一定要高度统一。

美——美感与快感。让人们在欣赏作品时产生兴奋、愉悦或心潮澎湃或陶醉等情绪，从中得到美好的享受。

小——小情小调。作品讲述的是发生在身边看得到、摸得着的普通趣事，更贴近我们的日常生活。

品——品格与品位。品格要高、品位要浓、艺术个性要强、独特性要突出。

油画——作品必须体现出油画材料的独特美感。

——杨诚语录

杨诚 山西晋祠难老泉 80×65 布面油画 2009

我自己多年来觉得小幅画在绘画创作过程中较之于大画，它会来得更直接、更真率、更自然、更亲切一些，还有画小画的时候对于工具材料的运用相对来说也比较得心应手，抑扬顿挫易于把握。因此我喜欢画小画。我总在想，我们经常说起的造境其实应该归结为一种缘起，以物质材料的转换来表现一种人对自然的精神感悟，在这个过程中有多少成分是属于自然属性的、多少成分是人为形成的呢？在画小幅画的时候，我分明在其间发现了我和自然的某种能量相互作用或是相互合作而后才形成了画面、形成了某种结果。很自然，没有什么做作可说。自此我更能理解我们的祖先们面对尺幅之间山石树木的创造所印证着的那些令人心动的神遇迹化。常常听人说，“小画不小，大画不大”，明眼人都知道这里的大和小的内涵所指的是什么，我也很同意这样的说法。

——任传文语录

任传文 海（评委作品）
65×80 布面油画 2007

每次画小画总是想自己诉说心情而不“大动干戈”，但事实上每次想画得有意思，还真得要从“大”入手，才能顺利完成作品。构图有特点，气韵生动，形象有意味，情感饱满“走心”，这些缺一不可。有时在画小画的过程中发现了新的绘画母体，有了新的自由和新的能力，去掉一点“沿袭”，真是一件高兴事。

——闫平语录

闫平 在心头（艺术奖）60×50 布面油画 2009

回想当初画小画的初衷，原因有几点:一是空间原因，由于条件有限空间不够，画大画舒展不开，于是画面尺寸主要以中小为主。二是作为创作前的小稿来看待。时常翻阅画册，大师的绘画尤其是看到他们画的一些小幅精品时，我都会被他们那精美的画面与精湛的技巧所深深打动，于是也东施效颦地画了一些，有幸得到老师和朋友们的鼓励，从此便一发不可收拾了。今作小画一幅，名为《合奏》，画的是我和身边的一些朋友，取材于生活的一些点滴片段，再经过加工提炼，历时月余而成。作画过程轻松愉快，画面力求单纯朴实，就最后完成的效果看，除了画中右边坐着的女孩由于刻画不够，显得单薄了一些，其他部分还算是令人满意的。

——谢郴安语录

谢郴安 合奏 40×45 布面油画 2009

我认为油画创新并不等同于一味地走极端与寻求刺激，在追求“现代、创新”的同时，还必须表现现实生活中美好的形象。在《喀什女孩》的创作中，我力求把握维吾尔族女孩的含蓄之美，切忌概念化，将画面的吸引力放在首位，将内心的追求融会于画面形式的经营之中，通过色彩、造型、笔触等诸要素的组合，一气呵成，传达出维吾尔族女孩的朴素、善良和纯真。当然，在今后的创作中，我还需要进一步研究西方文化精神与中国文化传统的精神，关注现实、关注人生，更深入地了解当下的中国社会，努力使自己的创作具有深邃的思想和强大的艺术感召力。

——李生琦语录

李生琦 喀什女孩 60×50 布面油画 2008

做天地的自然人，画心中的天地景。

——陈钧德语录

陈钧德 大研古城记（评委作品）
80×70 布面油画 2009

我认为小幅画与大幅画的不同在于，小幅画创作更为方便快捷，这对不能有整体时间，靠零散时间作画的人来说，是个最佳的办法。另外，小幅画更适合居家悬挂，便于走进普通百姓生活。

——陈和西语录

陈和西 放羊者（艺术奖）
40×40 布面油画 2009

画不该论大小，以质为尚，而非以时为尚吧。在大幅盛行的今天，推出小幅油画展，有利于我们探讨“小的是美好”这个方面。如果说大画往往格体宏大，气势开张或气象万千， 其力量在震撼公众，那么小画就更适宜于作私密性、个人性的静观，凝神想物，深入地贪玩领略。这里面也有点像《兰等集序》里讲人生取舍的静躁不同：“或取诸怀抱，晤言一室之内”，或“因寄所托，放浪形骸之外”。可以这样看么?油画小幅也有多种方式，其中一种是大画稿本，作为大画的准备或雏形，把有待展开的大东西浓缩简要而能特见活泼生动，我们在画史上见过，有时小稿比大成品还好。我这回呈献的还是一幅画稿，写冬日阳光投入画室，如光瀑倾泻，引起的精神兴奋。画中央背光处像岩石块的，是一幅苏东坡的书法拓片，所 谓“斗室”并非嗟贫，而是以局促对大境的意思。

——钟涵语录

钟涵 斗室光瀑（评委作品）
29.5×37 纸面油画 2007

热衷于在小幅画创作中展现自我，超越自我，崇尚精益求精。由于在方寸之间的不断研究、探索，从而使获得的世界越来越广阔。——这是我从事小幅油画创作的所得。向我所喜爱的大师致敬，他们是维米尔、梅索尼艾、阿尔玛•塔德玛、门采尔。

——于明语录

于明 练功间隙 34×25 布面油画 2009

在创作中，我非常注重画面的整体气韵，我认为气韵是画面的灵魂，一幅好的作品会把画家对事物的理解以一种情绪的气韵贯通在画面的整体感觉中。画面气韵的掌控是一个画家创作能力的体现，如何把握画面的整体气韵，这是需要一个画家的长期磨炼、体悟，从而以“心”为“意”的修炼过程。我认为，中国油画的持续发展，必须在不失油画本色的前提下，自然地融入我国本土文化的精髓，才能更具实际意义，我愿为此不懈努力下去。

——张立农语录

张立农 看东方（优秀奖）
60×50 布面油画 2008

我一直致力于写生创作，30多年来从未断过。写生的奥妙在于景物的取舍、笔触的灵动和色彩的处理。我所主张的是，把中国画的写意与印象主义的光、色、空间感结合在一起，力求达到整体的写实和局部的抽象。艺术创作需要天生的灵气、娴熟的技巧和情感的投入。乡村风景、农家院、古老的街道、渔船，这些有韵味的城乡景色，对我有极大的吸引力，不断地激发我的创作灵感。激情涌动时，一气呵成的作品，可谓是与大自然的一次完美的情感交流，是一幅成功的作品。我相信，只要激情永在，我们将不断地超越自己。

——崔根男语录

崔根男 午后的农家院（艺术奖）
40×40 布面油画 2009

绘画是一项真诚的劳动，我以为它最大的乐趣在于方寸之地数笔之间融天、地、人之精神。若没有诗意的生活，一定有诗意的风景，若没有发现诗意的风景，请记得对四季静默的大地充满敬意。每逢秋冬季节，向塘这片土地便罩上了一层淡淡的赭色，风掠过田野，掠过眼睛，我奢望风掠过画布，驻留，交谈。

——付浩语录

付浩 风吹过向塘之一（优秀奖）
60×80 布面油画 2009

——或是面临自然物象的即景写生；或是“象由心生”即兴于灵感而作的小品；或是在构思大幅作品前，随意勾画的草图、色稿，其中一些作品看似轻松、洒脱，如若漫不经心的寥寥数笔，实则，每每是画家深厚的理法修养，在实践中出自激情率真的表现。——方寸之间，收得下高天厚土；咫尺之内，容得进世态万象。画法，可尽精至微，工于细密；手段，可任情挥洒，胜在气象。画家握取一方天地，运筹于股掌之间，以宏观调控微观——如老子所言：是“治大国若烹小鲜”的感觉。作画时，兴致超越功利，心态轻松裕如，意趣携入笔趣，情彩化入色彩，偶有“神来之笔”的杰出之作，往往是由“小幅”绘画作品“开风气之先”，从而推动了绘画和艺术技巧的变革。——小画的意义和价值，不可轻视，不可小看！

——孙景波语录

孙景波 煮酥油茶的姑娘（评委作品）
34×25 布面油画 2009

坐在画布前，你面对的是艺术中的自我，心无旁顾。我甚为珍视对物象的第一感受。画的是我的心情，我的心境。画画需要对生活、自然、物象的观察与感悟的经验积累，达到将其结构、色彩和造型烂熟于胸，这是艺术自由表现的根基。艺术的表现随情而动，"物"不阻" 情"，心手相应，尽情挥洒，求得物象外的精神飞扬。

——宋惠民语录

宋惠民 逆光（评委作品）
65×65 布面油画 2008

在市场经济背景下，不少画家着眼经济效益按尺寸论价，盲目追求"大"，以为大才有视觉冲击力与大价位。过去，观赏中国画，画卷是从衣袖中抽出来让人观赏的，可见当时画的尺幅并不太大。观赏卢浮宫荷兰小画派作品，画幅也不大，而视觉冲击力不亚于大画。维米尔的画，我们看到的印刷品与原作大小差不多，但相当精彩，相当有魅力，也有强烈的视觉冲击力，令人百看不厌……其实，画不在大小，关键是看艺术效果，小画一样有大的气度，一样可以具有大气势、大精神、大品格，况且欣赏小画，视阈容易集中，近距离便能一目了然。

——林永康语录

林永康 头像速写（优秀奖）
30×25 布面油画 2006

面对实物、真人写生，是件非常轻松而愉快的事情。它把思虑隐匿于无意识之中，让你在顺应造物的同时，也成就了你自己的感悟与建构。它将自然里最生动的情态捕获并释放于虚拟的空间中和线面里，既让它们尽情地游玩，又将它们掌控于指间、玩味于心灵。因此，写生的目的不在于记录和描摹自然表皮的真实，而应是对自然中灵性的表达，对生命之光的赞美与阐发。

——庞茂琨语录

庞茂琨 多米尼加人（评委作品）
71×65 布面油画 2010

单色铅笔的细腻描绘和油彩相结合描绘出静谧、浪漫的世界。画面中游泳的人和盛开的桃花使人感受到平凡事物中的美，联想到青春的活力。

——傅莹莹语录

傅莹莹 无题之二 40×50 版面油画 2009

小幅油画的创作，没有过重的思想负担，易于探索和发挥，充满了灵性。不仅在写生中常用，即便是搞大画的制作，也要做小幅创作稿。所以，小幅画往往能体现出大画的效果。另外，材料上更不受任何限制，纸板、木板、石板、玻璃板、金属板等都可以用。我就是因为购买了昂贵的意大利油画布，剩下小幅边条，不舍得丢弃，裁成小块，采取贴板的办法，用于写生和创作。

——高迎春语录

高迎春 祖孙情（艺术奖）
26.5×25 布面油画 2006

“清廷人物”是我在20世纪90年代初期至今一直擅长表现的题材之一，我的性情中一直流淌着对逝去时光与岁月中古人旧事的怀念情结，借清代宫廷人物中格格的命运描述对物质与精神的外部世界的向往。诚然，人始终是在寻求自由与理想的天地，那些早已逝去的如花似玉的格格在宫墙内曾经因时光的流逝而耗尽青春年华，是暗指人心灵的孤独和对理想境界的渴望。在岁月面前生命如白驹过隙，但愿人长久，更希望能寻求到自己的一片净地，譬如挣脱的笼中之鸟在理想的天空翱翔。

——刘大明语录

刘大明 窗前 70×60 布面油画 2009

真诚的态度，朴素的感情，单纯而简练的表现手法，一幅绘画作品须有如此品质方能达到其至美境界，“朴素而天下莫能与之争美”（庄子语）。

——崔国强语录

崔国强 关中人家 60×80 布面油画 2008

一个很有特点的形象，瞬间产生的灵感，随后我快速地记录了这一形象，我以具象表现主义的风格作画，用夸张的、极具生命力的形状和极限的色彩表现，画面中的光影是主观的灵活的，任由我来控制。画中人眼睛的位置在画面的中心，所有情感都由这双大眼睛来传达，与观者的目光交会。画面剪影式的空间近乎平面。我作画时，画笔、画刀、手指并用，对于这张画来说，对象的瞬间感受是至关重要的。我极限地表现了我的感受。

——李贵男语录

李贵男 大眼睛 50×40 布面油画 2009

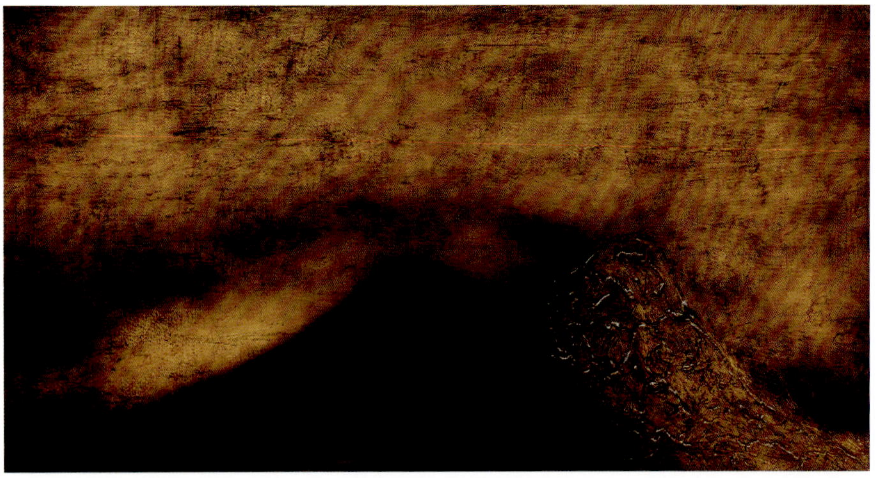

无论画什么，无论画多大，都应是关于人和关于画这画的人的。

——尚扬语录

尚扬 H地-8（评委作品）
29×53 综合材料 2009

画画是一种在理智与激情中交织碰撞达到心物交融的过程，既不能缺少对构成秩序的推敲也不应缺少动情的表达。形式来自画家对自然的感悟，在自然里观察，有自己的发现，才有自己的技巧。我关注每一笔的表现，喜欢以率意、洒脱的笔触去捕捉自然天成的效果，有时信手拈来，有时则需反复，要用细心、耐心和专心去寻找画面朴拙厚重的气息。

——张文惠语录

张文惠 碛口（优秀奖）
53×65 布面油画 2010

艺术作品感人与否，不取决于画幅的大小，而是艺术家在自己的作品中是否表现出了对现实的认知并提出质疑。

——黄永符语录

黄永符 映像-09-夏至-2
65×80 布面油画 2009

事物都有两方面，外表与内在，绘画也一样有这两方面。作品外在的是其表现形式，包括情节构图、色彩明暗、造型等绘画技法，当然也包括画幅的尺寸大小。作品内在的是其精神内涵。形式服从内容，一幅画的尺寸或大或小视作品的内涵而定，画好与否不在其尺寸大小之间。

——谢东明语录

谢东明 老妇人（评委作品）
60×50 布面油画 2009

那是我要离开彝寨的一个早晨，不知道主人什么时候烧起了炉火，满屋炊烟，朝阳从壁缝射进屋内，熊熊炉火，在黑烟中跃动，一时间，鸡叫声、牛吼声、羊喊声、狗吠声、猪哼声在我住的小木楼的木地板下齐鸣，好不热闹、精彩。于是，我立即撑开油画架，架上油画布，《彝寨炉火》就这样一气呵成了。有激情不一定能产生好的艺术作品，但好的艺术作品必定是饱含激情的。

——杨尧语录

杨尧 彝寨炉火 50×60 布面油画 2008

风景画能成为一种主题叙述的理由，在于它蕴涵并标志着一个时代的思想印痕与文化符号。不管是法国的巴比松画派对朴素风景的描绘，还是元四家在江南山水中追求萧散简远的意境……，这些风景意境和画风的转换，在某种意义上说是时代审美思潮的流变形成的不同文化记忆。

——李江峰语录

李江峰 天高云淡 55×80 布面油画 2009

就架上绘画而言，具有分析和归纳性的感觉与单纯的感觉是两个系统，其运作过程和导致的结果迥然不同。绘画离不开感觉，但仅凭感觉则难以探寻和建立起一个新的视觉秩序。视觉艺术之所以具有特殊的魅力，正在于它的可知与未知。可知代表了某种角度与方位的把握，未知显示了把握以外的迷茫，这种矛盾性始终伴随着艺术创作与判断的过程。

——张新权语录

张新权 喘息 60×80 布面油画 2009

当艺术家面临理想的纯粹与现实的困惑这一永恒矛盾时，自身的定律是绝对重要的。若有了对生命的考问，有了对人生意义的思考，有了报效本民族母文化的抱负，那他就会践行生命的权利和义务，就会有思考式的追问，就会有远大的抱负，心灵深处就会有境界，其创作的作品也就会有别样之处。于是优秀艺术家应该是由六个面组成的立体：人品表现有口碑、人生表现有传奇、内容表现有母题、作品表现有理念、形式表现有原创、技法表现有难度。

——肖谷语录

肖谷 尼雅 50×70 布面油画 2009

在教育、文化主导机构和商业权力过分膨胀和亢奋的今天，走进工农兵及普通民众生活的大众化艺术——通俗易懂、喜闻乐见直至美轮美奂的艺术——并未将我们引入任何精神世界。艺术在飞速繁荣发展的聒噪中，仍然是“娱乐”和“饰品”，有时也是“股票”和“大旗”。有时我困惑:是艺术，还是艺术的知识?是艺术，为何人未变?霍克海默认为社会倾向取消艺术，而我认为今天的社会并未倾向取消艺术，只是混乱了艺术概念，只是用“艺术”取代了艺术。德勒兹反省文化:文化意味着训练和选择。文化赋予意识一种新的功能:记忆。这种原始的记忆不再是过去的一种功能，而是将来的一种功能，它不是情感的记忆而是意志的记忆，它不是踪迹的记忆而是词语的记忆。所以，艺术是哲学，艺术是人。我们只有通过艺术，才能完成人的一次次创造。人的变化导致艺术的创新。

——秦秀杰语录

秦秀杰 落潮 60×77 布面油画 2007

真正的艺术品，不在于篇幅之大小。但小幅作品，便于迅速地使心灵感受、思想火花、偶发的创意与灵感得以艺术表现，便于无拘束地进行语言、材质的试验探索。也因此往往容易保留画面的生动鲜活的笔痕心迹。这幅作品本是一块翻修地板遗弃的废物，它由碎木屑高压而成，这时已支离破碎毫无价值，但残破的形体隐藏着某种沧桑感，天然形成的造型更呈现一种自然美，它启发我突发奇想，“点石成金”使其物化为一幅小画。

——闻立鹏语录

闻立鹏 绿色思念一号（评委作品）
60×49.5 布面油画 2001

饱含历史沧桑的黄河故道透出的亘古不化的人文气息和审美意趣，让我在惊叹之余，更平添一份感动，我想用画面去表达这种沧桑景象，又怕这种景象会稍纵即逝。这或许是我最早的惊喜，其后凭感觉挥洒自如、率性而似写意水墨，又一次让自己重感油画材质的美，在拓展自己新的艺术领域，对着油画布操笔相向，酣畅淋漓、游刃有余地铺陈出这幅意蕴深邃的油画作品，以期达到托物言志之目的。

——程俊礼语录

程俊礼 故道二 60×70 布面油画 2009

画，只有优劣之分，不以大小论英雄，很多的传世精品，尺幅都很小。不过，这似乎是观念之上的时代，生产着鸿篇巨制，缺失了油画的本体语言。

——马精虎语录

马精虎 弗拉芒的敬意 80×65 木板油画 2009

那错落的老房子，深灰色的街道，横七竖八的房檐，灰色与黑色的屋顶，几根蹿出的电线杆子，斑驳的墙面，灰白色的天空，这是具有时代痕迹的老街巷。这里记忆着多少风尘的故事呀！时间让这里浓缩的故事和色彩显得深沉与厚重，这让喜欢在画布上厚厚涂抹的我找到了诉说的方式。厚厚的颜色在画布上拉来抹去，黑色与白色颜料间的碰撞、交融，让我感到是那样的畅快，当老屋与老街在画布上显现的时候，我体会到了现实主义绘画的亲切感和创作带给我的情感与精神的快乐。

——郑乐语录

郑乐 大运河畔小镇之二
60×80 布面油画 2009

小幅作品更容易让人接近艺术家的风格，直接表达的语言技巧充分显示出画家的能力与情感痕迹，大师与平庸者间的差异一眼即可鉴别。在我的感觉里，经典小品带来的艺术感染力是很多大作无法相比的。艺术作品的价值不在于大小，而在于作品呈现出的精神感染力与精湛的表现技巧。

——郭润文语录

郭润文 老李（评委作品）
50×30 布面油画 2009

【图片世界】

季宏敏

写在“与写实对话”

——季宏敏意象油画展后

文 / 崔开玺（解放军艺术学院教授 著名油画家）

从季宏敏的作品中看到的更多的是物质的精神存在，与很多的借情节取胜的作品相比似乎更加博大，更加真实，他的大部分作品都是借微观的物象反映心理意象、物化意象、观念意象。

所谓“意象”，就是客观物象经过创作主体独特的情感活动而创造出来的一种艺术形象，简单地说，意象就是寓“意”之“象”，就是创作者用来寄托主观精神存在的客观物象。在季宏敏的作品中，我们可以看到主观的“意”和客观的“象”的完美结合，是画家融入诗人精神情感的“物质之象”，也是一种赋有某种特殊含义和文学意味的具体形象，一种借物抒情之作。

从季宏敏的作品中看到更多的是物质的精神存在，与很多的借情节取胜的作品相比，似乎更加博大，更加真实，他的大部分作品都是借微观的物象反映心理意象、物化意象、观念意象。正如季宏敏所说，他的作品不是写生，是存在于脑际的感性形象，是一种带有抽象观念和精神的艺术形象，是后天的感觉重现与回忆。如作品《对话》所表现的似乎是海与陆地的组合，而作品所传达的却是一种融合与对话，作品借大海传达一种国际化信息，借黑、红、蓝、黄传达一种色彩的融合与对话，画面构成是一种中国的八卦图形，以及红、黑、蓝、黄的色彩对比，不难看出画家所蕴藏的深层的含义，是表现传达一种东西方文化的融合与对话，画面繁杂的纹理加上单纯的色彩对比关系，以及超大的尺幅，都给人留下深刻而又难忘的印象。

展出的近五十幅作品是画家季宏敏近三年来的油画新作。作品以全新的面貌展示给观众物化了的大自然精神。

在季宏敏笔下的天、地、山、石、水是那样的熟悉，又是那样的陌生，是画家对自然物象的抽象理解和感悟。他鬼斧神工地营造了一幅幅人间天堂般的景象，是写实而非真实。这里没有了世俗，没有了秽物。“海”的壮阔，“山”的雄伟，“石”的坚硬，“土”的安静，“河”的奔涌，阳光、大地无不流淌着画家对世间万物的赞美。神奇梦幻的空间给人无限的遐想。按季宏敏的话说，他的作品是一种物化了的精神空间，是对自然万物的再造。

年过半百的季宏敏是一位有三十多年军龄的军旅艺术家，是我国优秀的实力派画家。他的作品曾参加六、七、八、九、十届全国美展和第二、第三届全国油画展。代表作《金珠玛米》、《扎西格勒中士》等多幅作品在全国美展中获奖。他扎实的功底和勇于创新的精神让作品充满了现代感。他曾多次到法、意、德、俄、美等国进行艺术考察，游历了世界各大博物馆，追研油画创作的真谛。

多年来，季宏敏踏遍名山大川，体会大自然的精神存在，他六进西藏，四访新疆，体会异域的山山水水。在他的意象油画作品中无不记录着画家对自然万物的深层理解，诠释了自然万物的一种精神存在。不难看出，他与时俱进的创作思路及作品是当今艺术的精品。不管是他的人物画还是意象风景作品，画家始终关注的是人类生存的精神空间，有着当下一味追求真实以及玩世不恭的精神符号所不能及的艺术品格，是现代油画作品中值得一读的经典之作。

油画，一种以制作材料而分类的画种，历经几百年，它一成不变地记录着人类生存的轨迹，也曾出现过无数不朽之作，而今天我们看到的是一种用同样的方式记录着人类似曾相识的物质空间。具象的物质，抽象的空间，这是一次与“写实的对话”。

季宏敏艺术简历

季宏敏1959年9月生于上海。毕业于解放军艺术学院美术系油画专业。解放军第二炮兵政治部专业美术设计师。中国美术家协会会员、中国油画艺术研究中心主任研究员兼秘书长、北京油画学会理事兼副秘书长。曾为国家设计《中国人民解放军建军七十周年》、《解放战争三大战役》、《方志敏同志诞辰一百周年》、《中国共产党建党80周年》等纪念邮票及小型张。作品参加第六、七、八、九、十、十一届全国美展，第二届、第三届中国油画展，庆祝中国共产党成立七十周年全国美展。第八届全国美展优秀作品奖，建党七十周年全国美展优秀作品奖，孙中山与华侨国际美展优秀作品奖，第一届威尼斯国际网络双年展获本届展览"网络大奖"。曾多次随团出访美国、法国、德国、奥地利、意大利、捷克、俄罗斯等国。部分作品参加在美国、法国、德国、意大利、日本、新加坡及中国台湾、香港、北京、上海等地区的各种展览及参加北京保利、瀚海、荣宝、中鼎国际、东方博物等拍卖活动。并有作品被国内外艺术机构及私人收藏。

季宏敏 浪卡子 80×100 布面油画 1996

[凤池观察]

季宏敏先生长期受到人们的关注，这主要有两个方面的原因：第一，作为一个艺术创作者，他能不断地进行创新，早期我们见到的他的作品大多是以人物为主，单人或场面的作品都有别具匠心的创意，在写实手法的主流创作中，季宏敏先生赋予作品以超现实的想象与思考并以其睿智的洞察力捕捉人世间熟悉的片景来作为画面关怀的发源，变形与夸张的巧妙运用，增添了画面生动感的同时又提供给读者给大空间思索的可能，这与西国大师塞万提斯小说构思有着异曲同工之妙，细细读来令人回味无穷，较之许多人物画家直白铺呈的画面处理，显然要高妙一筹，思考型艺术家与符号型画家的区别往往就在一线之间，对于观众来说是很能辨别开来的，这大概是朝戈先生对他的《生存系列之极地》予以很高评价的主要原因吧。五年前在中鼎国际被一位很有身份的藏家27万5竞走的《革命系列之集合》相信也是这件《极地》风格的延续，评论家以为："中国艺术家在反思历史和反思艺术的基础上投身思想解放大潮，与整齐划一的习规绝裂。以不同的方式疏离原先独领风骚的通俗写实风格。求新求变成为社会风尚。在画家季宏敏的画作《革命系列》中，他的立场和态度十分明确，以夸张，造型滑稽，颇有嬉笑味道的形象，来描绘历史英雄人物和传奇来回避现实问题，也不以理想主义来美化或掩饰事实真相。相对于完全照搬现实景象的自然主义，"现实主义"往往更具有一种精神指向，那就是"现实性"。用当今的语言来讲是'问题性'—是对社会现实问题视而不见，还是敢于直面描绘。这就是区别于我们所理解的；'现实主义'和以写实手法和技巧描绘的自然主义的根本区别。'现实主义'的艺术需要运用"写实"的手法，是为了更好地服务于对"现实问题"显现，以便令人真实地感受到'现实性'，让普通观众更能理解所描绘的现实世界。"第二，正是因为季宏敏这种具有过硬传统功力所展现出的别于大多写实画家作品的特殊魅力，吸引了包括美国友人在内的许多藏买家的眼球，季宏敏是国内艺术家中上拍较晚的一位，但一登台就有不俗的表现，北京保利05秋拍上，《金珠玛米25万成交！为其市场开了个大器的好头，之后10拍10中，百分百的成交率，这在目前的拍市里还是不可多见的，四人联作《时代之光——纪念中国共产党诞辰七十周年》06年在东方博物148万成交，个人单件也在40万上下，新近制作《源》6月19日在中拍国际

季宏敏 生存系列-极地 80×120 布面油画 1994

季宏敏 喜马拉雅 200×100 布面油画 2009

拍得35.84万，立马引起许多藏家的注意，来自上海、南京、杭州、重庆、沈阳、合肥、香港以及北京等一线城市的投资人在参观“与写实对话——季宏敏新作展”之后，几乎都有着相同的感受：娴熟而稳定的表现技法与不落陈式的创作理念延续着一个出色画家源源不断的艺术灵感，在许多人沉浸在对照打磨一张张美女美体以满足市场需求的时风下，季宏敏却能跳出窠臼，寻找到新的营养，且加入了一些材料的运用，创造出完全有别于早时风格的新画面，大气磅礴，一泻千里。如果说丁方先生以老辣粗犷对地质与人文作出诠释的话，那么，季宏敏先生则是以细腻软绵传输出别样的情感，这里洋洋满堂的数十件小品巨制，不仅可看出画家惊人的创造力和茁壮的艺术生命力，而且一种永不满足的探索精神和对整个世界的博大关怀时时展现其身，也许，对于季宏敏来说，这才是最可贵的。

季宏敏 福音 80×100 布面油画 1994

季宏敏 扎西格日中士 73×73 布面油画 1991

季宏敏 血域 200×100 布面油画 2009

季宏敏 源 200x300 布面油画 2009

季宏敏 金色波涛 210×210 2009
季宏敏 大地的年轮 210×210 2009

季宏敏 奔腾 300×200 布面油画 2010

季宏敏 黄河渡 75×180 布面油画 2009
季宏敏 绿色畅想 76×180 布面油画 2010
季宏敏 听涛 76×180 布面油画 2009

季宏敏 黄金谷 150×150 布面油画 2010
季宏敏 黑土 150×150 布面油画 2010

季宏敏 湿地 150×150 布面油画 2010
季宏敏 黑色畅想 250×80×3 布面油画 2008

季宏敏 海的声音 150×150 布面油画 2010

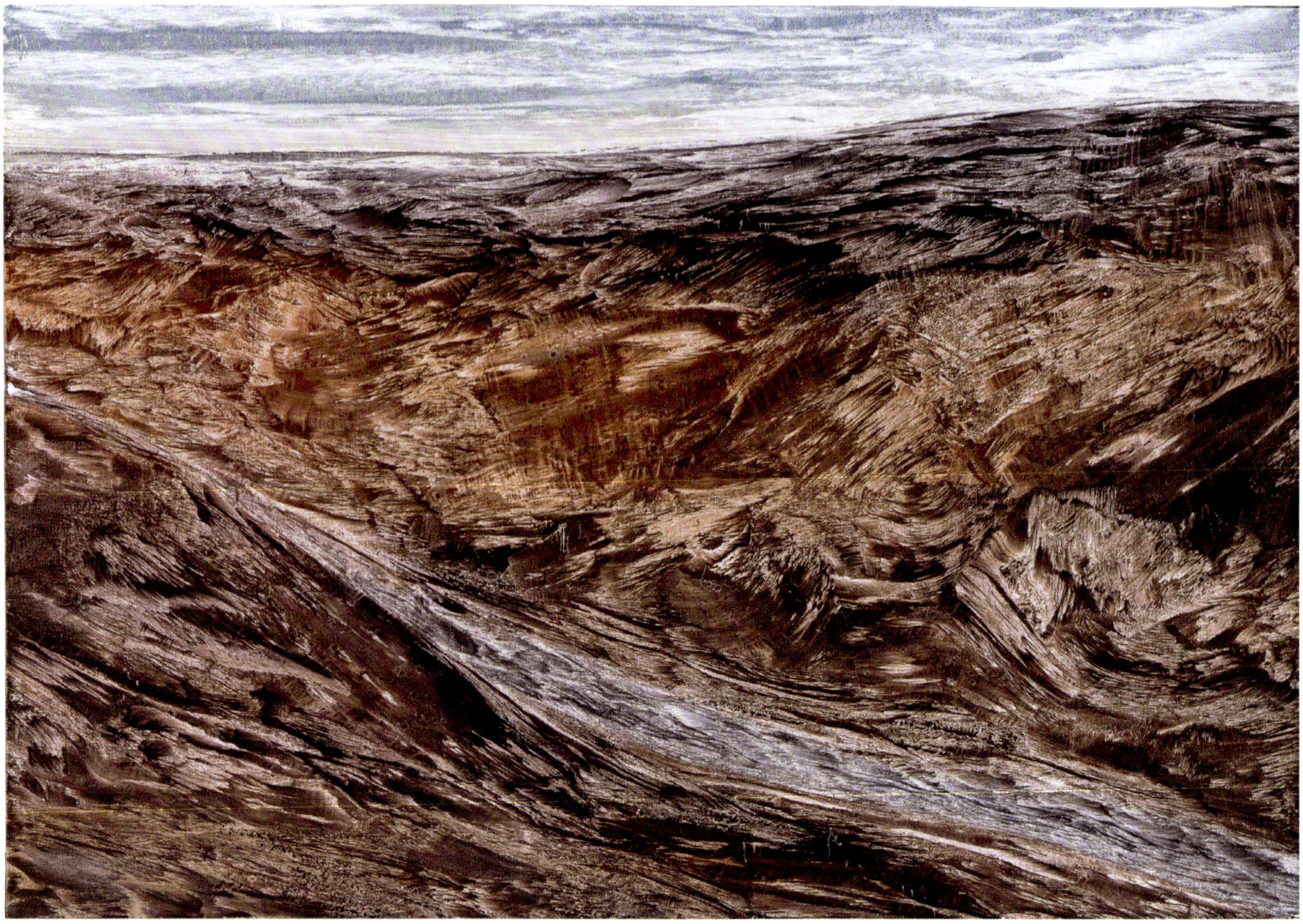

季宏敏 祥云 130×180 布面油画 2009
季宏敏 起源物语 130×180 布面油画 2010

季宏敏 香格里拉的冰山 120×120 2010
季宏敏 年轮 210×210 布面油画 2010

季宏敏 黄河之水 150×150 2010
季宏敏 奔腾不息 210×210 2009

季宏敏 海韵 80×250 布面油画 2009
季宏敏 峡谷 80×250 布面油画 2009
季宏敏 绿谷 80x250 布面油画 2008
季宏敏 金波 80x250 布面油画 2008

李宏敏 对话 300×200×2 布面油画 2010

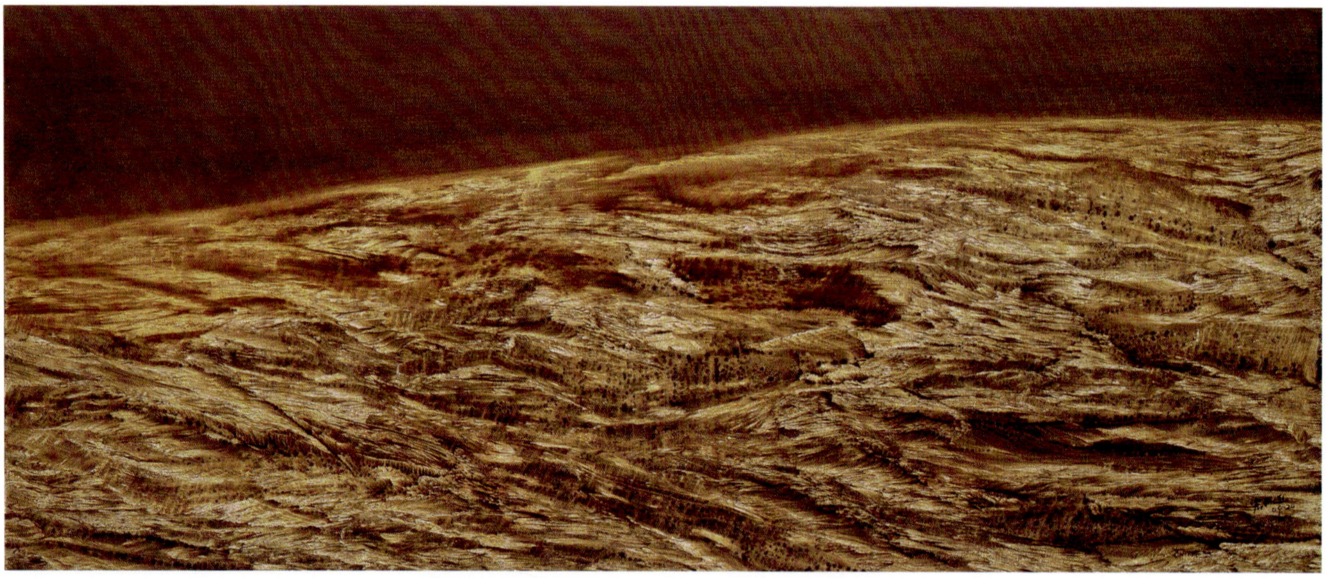

季宏敏 黄昏 75×180 布面油画 2009
季宏敏 原始物语 76×180 布面油画 2009
季宏敏 爱琴海 150×300 布面油画 2010

季宏敏 海之魂 130×180 布面油画 2010
季宏敏 蓝色交响 300×200 布面油画 2010

思
释
观 世 音
是
施

|中国美术馆|

叶剑青个展

2010.8.17–8.27

地点：中国美术馆

主办：中国美术馆/中国美院壁画系

承办：新加坡“谁先觉”画廊

媒体支持：“美术”杂志社/BQ锋周刊/凤凰周刊/艺术财经/
中国油画市场/美术焦点/时尚“他”生活/雅昌艺术网

有关展品详情与艺术家资料请致电邮 iGallery@ipreciation.com 或登录 www.ipreciation.com